WHO LET THE DEAD BODY TALK

是誰讓屍體說話？

看現代醫學如何解讀《洗冤集錄》

鄒濬智、蔡佳憲──編著

寫在前面的話

《洗冤錄》又稱《洗冤集錄》，書為南宋提刑官宋慈所撰。宋慈原本是一位沒沒無名的宋朝官吏，史料闕載；他的著作《洗冤集錄》也因此被湮沒在中國幾千年以來各家各派著述的書海之中。直到西方長壽犯罪鑑識影集「C.S.I.」提到其人其書，才慢慢開始有人注意到他。

為了與西方相關的犯罪偵查影集一較高下，中國大陸從以往的「包青天」、「施公奇案」、「劉伯溫傳奇」公案影集裡獲得靈感，由《洗冤集錄》裡找案例，為宋慈量身打造一系列的偵探電視劇。有別於舊有的公案電視劇，今日的電腦特效為宋慈的破案天份加分不少，情節推演也因為用心經營，而更顯精彩。隨著「大宋提刑官」電視劇收視長紅，這股旋風也重新帶動了新世紀宋慈和《洗冤集錄》的相關研究。

關於宋慈其人其書的研究，專門的有，通俗的也不少，可臺灣地區卻似乎沒有跟上這股潮流，若想要了解宋慈其人其書，吾人只能蒐羅大陸簡體字書來聊以止飢。有鑑於此，筆者一直有想寫一本介紹《洗冤集錄》淺白讀物的念頭。

適逢筆者於中央警察大學新開設一門選修課「古代法醫理論與實務」，在暑假備課期間，承蒙通識中心老師們和學生們的協助，先編出了一本《洗冤集錄》讀本。但卻感到附有譯文的講義，只能讓人讀懂，卻不能讓人讀會。於是筆者商請昔日服役時的同袍，前衛生部澎湖醫院耳鼻喉科主任蔡佳憲主治醫師（現任職於馬公黃冠榮耳鼻喉科診所），就《洗冤集錄》裡提到的醫學觀念進行辨析，希望能透過古今學問的激盪，讓囊舊的先人智慧光芒重現。

本書的寫作，第一部分關於《洗冤集錄》的成書條件，第二部分關於原書原文古字改為易讀之今字、難字難詞註解、重新標點與譯文，第三部分略探《洗冤集錄》的科學性質，由本人負責。第二部分以今日西方醫學角度探討《洗冤集錄》所提及的古代醫學認知，先由蔡佳憲醫師撰稿，筆者再參酌古今法醫實務經驗後與之共同商定。中國犯罪偵查學問博大精深，非一人一時所能盡悉。筆者見識有限，學力不逮，本書疏漏所在多有，敬祈先進不吝海涵指正是幸。

二〇一五年冬誌於龜山誠園觀復齋

目次

《洗冤集錄》司法檢驗的科學性 287

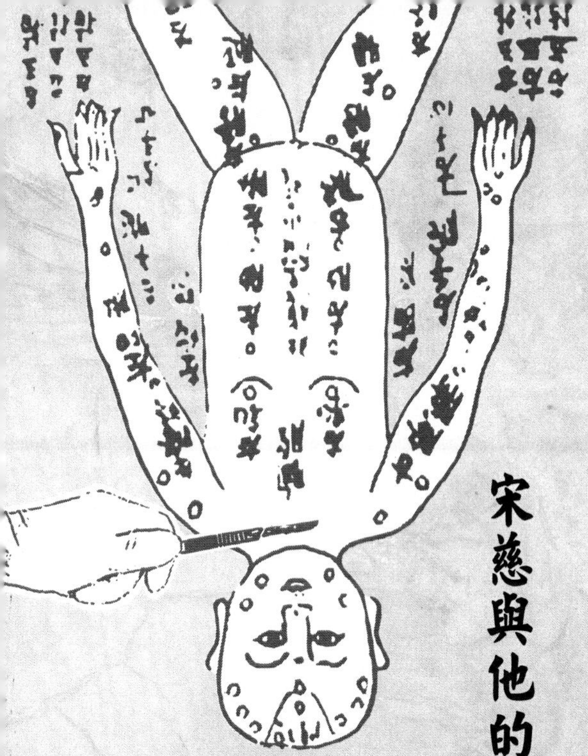

宋慈與他的《洗冤集錄》

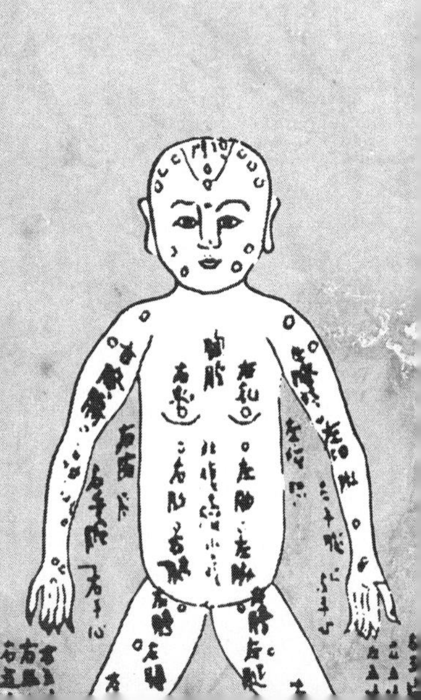

前言

宋慈是南宋人，字惠父，是古代中國聞名中外的執法者、法醫學家。史載的宋慈生卒年不是很清楚，大約在西元一一八六——一二四九年之間。宋慈生於福建建陽仕宦之家，父親宋鞏據信亦任司法官員①，宋慈在司法及法醫學方面應具有家學淵源。

宋慈年輕時曾拜朱熹弟子吳稚為師，吳稚為朱熹學生，宋慈學的乃是閩派「道問學」的路數。後來進入太學讀書。當時的太學主持人真德秀對宋慈也十分欣賞。真德秀是著名的理學學者，繼承的亦是朱熹做學問的方法，所以在太學求學的這段時間裡，宋慈等於是第二次受到朱子學的陶冶和薰染。朱子學對形塑他審慎面對司法案件的態度很有影響。

① 根據劉克莊〈宋經略墓誌銘〉記載，宋鞏字宜卿，建陽童遊里人，宋翔四世孫。性聰慧，讀書不專務章句，而詞藻煥發優於場屋弱冠。以特科登嘉定七年甲戌袁甫榜進士，與同縣人熊剛、陳範同榜（〔明〕萬曆《建陽縣誌·選舉志·甲科》）。授承事郎，廣州通判，廉靖有政聲。隨後辭歸，閒居山林，嘉定十二年病逝，享年七十三歲（〔明〕嘉靖《建陽縣誌·列傳·人物類》）。

宋寧宗嘉定十年，宋慈考中乙科進士。先是被薦任江西信豐縣主簿，後來又調升福建長汀縣知縣。在長汀縣任內，宋慈透過從產地直接購買的方式大幅降低百姓購鹽價格，因而受到人民的擁戴；宋理宗嘉熙二年，宋慈改任廣東劍州通判，任上建議朝廷令當地富民打開自家糧倉救濟受荒貧戶，使得當地平安度過饑荒。從以上二個施政舉措來看，宋慈在維護弱勢民眾權益方面很有為官的道德勇氣。後二年宋慈再被調任提點廣東刑獄與提點湖南刑獄、司四路刑獄，這段時間裡宋慈運用了他的家學與專業，釐清不少冤案。

宋慈擅長且具名聲之能力雖在獄政，但也頗有軍事謀略。〔清〕同治七年《福建通志・卷一七五・列傳》曾記載：

南安軍三峒賊煽亂，王祖忠督淮西軍至閩，以慈書生，甚為輕謾。約定各路諸軍克日會於老虎寨，卻先行令師渡明溪，不與支援，陷慈於險地。慈率孤軍，從竹洲進，且行且戰三百餘里，終如期會師於寨下。祖忠驚曰：「君忠勇過武將！」②

② 劉克莊也曾送過宋慈一首祝他得勝凱旋的詞〈滿江紅——送宋惠父入江西幕〉：「滿腹詩書，餘事到、穰苴兵法。新受了、烏公書幣，著鞭垂發。黃紙紅旗喧道路，黑風青草空巢穴。向幼安、宣子頂頭行，方奇特。溪峒事，聽儂說。龔遂外，無長策。便獻俘非勇，納降非怯。帳下健兒休盡銳，草間赤子俱求活。到崆峒、快寄凱歌來，寬離別。」

之後宋慈幾次平定南方的幾股反叛勢力（詳下），可見宋在指揮軍事上也有一定的能力。宋理宗淳佑八年，宋慈升任廣東經略安撫史，因有病在身，勉強抱病赴任。隔年春天即逝於廣州，享年六十四歲。

在長期的案件審查實務當中，宋慈深深感到命案現場處理影響重大以及對原屍物證進行勘驗和記錄的必要性，因此，宋慈十分重視命案現場勘驗以及對死者原屍醫學鑑定方面知識的累積與記錄。為使後人得以借鑑他的斷案經驗，在前人成果基礎上，宋慈於宋理宗淳七年寫成《洗冤集錄》一書，之後並由朝廷專門下旨頒行全國。

宋慈的《洗冤集錄》總結了南宋以前的司法檢驗經驗，而且這些經驗又確實在他的為官生涯中加以驗證過；該書寫作也具有一定的系統與體例，因而書成之後馬上有很多續作及模仿的相關著作。而對《洗冤集錄》研究和整理的熱潮，也從元朝一直延燒到今世。③

由於《洗冤集錄》影響的層面很廣，後人譽其為中國及世界的第一本法醫學專著，同時還被譯成多種外語版本流行於世。現今還有人以該書為本，翻拍成著名的流行電視連續劇「大宋提刑官」。此劇也又引起了新一股探究中國古代法醫文獻的風潮。

③迄〔清〕康熙三十三年（一六九四年），當時人將材料進行增補，編成《律例館校正洗冤錄》，此書是此一系列法醫學知識百科的總成；根據張松（二〇〇七）的統計，現代以《洗冤集錄》作為主題相關的學術研究成果也有百餘種以上。

乘此風潮的時賢學者，多將焦點集中在研究宋慈的法醫學觀念、《洗冤集錄》中的法醫學原理或《洗冤集錄》在法制及法醫學史的地位等幾個方面，像（依作者姓名筆劃排序）：

王宏，二〇〇五，從《洗冤集錄》看我國古代法醫學發展的成就與特點，天津成人高等學校聯合學報，二〇〇五（四）。

王菲，二〇一四，宋慈《洗冤集錄》與宋朝司法鑑定淵源探析，蘭臺世界，二〇一四（五）。

田驤龍，一九七二，我國古代的法醫學——《洗冤錄》（宋惠父著），警學叢刊，七。

林敏，二〇〇九，略論《洗冤集錄》的科學性和民本性，福建警察學院學報，二〇〇九（六）。

張克偉，一九九四，從《洗冤集錄》談談宋慈對我國古代法醫學的貢獻，貴州師範大學學報社會科學版，一九九四（三）。

張新和，二〇一二，論《洗冤集錄》的醫學倫理學思想，西部中醫藥，二〇一二（四）。

陳俊仁，二〇〇八，古代版CSI——從《洗冤錄》看古中國法醫科學，科學月刊，三九（一〇）。

黃瑞亭，二〇〇〇，宋慈《洗冤集錄》與法醫昆蟲學，法律與醫學雜誌，二〇〇〇（一）。

黃瑞亭，二〇〇六，宋慈《洗冤集錄》與宋朝司法鑑定制度，中國司法鑑定，二〇〇六（一）。
黃瑞亭，二〇一〇，對《洗冤集錄》中特殊方式窒息死亡論述的探討，中國法醫學雜誌，二〇一〇（六）。

如果述及宋慈撰寫《洗冤集錄》的背景條件，多半僅以「宋慈的家學」④、「宋代的法律思想水準」或「宋代的科技水準」草草帶過，未能深論它成書的內在條件。這固然是法律史研究者對中國思想的不熟悉所造成。是以筆者想藉由本文，從宋慈的師承學派、兩宋法律思想環境及兩宋以前所累積的科學（包括法醫科學）能量等面向，試著儘量整體地說明宋慈撰寫《洗冤集錄》時所依恃的既有華夏文明基礎與內外因由。

④劉克莊為宋慈所寫墓誌銘提到宋父曾為廣州節度推官。說見〔清〕陸心源輯撰《宋史翼・卷廿二・循吏五》。

《洗冤集錄》撰作的外在條件

〔英〕李約瑟在《中國科學技術史》（一九七八）中提到：「每當人們在中國的文獻中查考任何一種具體的科技史料時，往往會發現他的主焦點就在宋代。」生活物資的生產是人類社會存在和發展的基礎，也決定了其他各種社會活動。經濟對科學的主要訴求是對生產的要求，反過頭來說，經濟對科技進步的支持也主要是靠生產之餘來提供。郭琳（二〇一〇）的研究即提到：

北宋的統一，結束了自唐末、五代以來長期分裂割據的局面。為了鞏固政權，北宋政權也採取了一些恢復和發展農業生產的有利措施，取得了相當的成果。而國家的統一，又有利於各地勞動技術和生產經驗的交流，有利於生產的發展。

除了經濟的支持，科技的發展方向也由社會需求來決定。宋代是一個積貧積弱、重文輕武的王朝，先後與遼、夏、金、元幾個政權並存。自北宋建國後，就與東北、西北的女真、契丹等民族戰事不斷。為了政權的需要，不得不一方面發展國防科技，一方面鞏固文化優勢，大量科舉取才，發展學術。同時也把經濟重心南移，賴漕運使南方的糧食及其他資源得以源源不絕的北送；這也推動了宋代造船技術的創新。而南宋偏安於江南，不僅有運河聯通南北，而且外接大海，內外商貿往來不斷，由此推動了航海事業的發展。

近百年中，東方的科學技術的確落後於西方。但如果我們把視野放大一點，不難發現，推動世界近代化的幾項最重要的科學技術並非西方人的發明創造，而是來自東方，來自宋王朝；中國人有四大發明，除了造紙一項是漢代以前所發明，唐代通過阿拉伯人傳到歐洲去的以外，其餘三項：火藥、用指南針製成的羅盤、活字版印刷術，都是由宋代發明創造，實際應用，最後傳到歐洲。

一、理化方面：火藥調劑更合理、槍炮鑄造更純熟

火藥，以及用火藥所製成的槍炮，從北宋起已經正式用於戰爭。使得人類從冷兵器時代進入了熱兵器時代。北宋時代編成的《武經總要》一書，列舉許多火器的製造法和用法，就是鐵證。西元十三世紀，蒙古鐵騎橫掃歐亞大陸，建立起人類有史以來面積最大（三千萬平方公

里）的蒙古大帝國，這樣的功績，有一部分不能不歸功給宋朝的科學技術（主要是槍炮）。

宋元時期，火藥的配方已經脫離了初始階段，各種藥物成分有了比較合理的定量配比，並在軍事上得到實際的運用。古代的火攻發展到兩宋，已經取得長足的進步。《宋史・兵志》記載兵部令史馮繼昇進火箭法，之後也有不少將領研發新的火攻器。此外也有不少軍事專家如曾公亮、丁度等人投入火藥配方的研發。

火炮部分，宋初火炮或由紙，或由陶、鐵等製成，但到了北宋宋年，由鐵質製成的火炮如「霹靂炮」、「震天炮」已經普及，且威力很大。南宋末年陳規守德安時用上了「長竹竿火槍二十餘條」，這被視為是火槍的雛形。

二、工藝方面：羅盤運用更普及、造船技術更提升

宋代在人工磁化方法和使用磁針方法這兩方面取得了重大的進展。人工磁化的部分，《武經總要・前集・卷十五》提到：

> 用薄鐵葉剪裁，長二寸、闊五分，首尾銳如魚形，置炭火中燒之，候通赤，以鐵鈐鈐魚首出火，以尾正對子位，蘸水盆中，沒尾數分則止，以密器收之。

將鐵片燒紅可使鐵魚內的磁疇較易順著地球磁場排列，蘸水則之快速固定下來。這是很有科學頭腦的磁化做法。另外《夢溪筆談・卷廿四》記載：「方家以磁石摩針鋒，則能指南」，則是更簡便又有效的人工磁化法。

兩宋已有水浮、置指爪、置碗唇上、縷懸等四種磁針使用法，但都不甚穩固。南宋陳元靚《事林廣記》介紹的指南龜——將天然磁石置木龜之中，龜腹挖一光滑小穴，置於竹釘子之上，這是後來旱羅盤的先聲。羅盤的巧妙運用，對航海的辨位而言是很大的便利。《夢溪筆談》外，朱彧《萍洲可談》，提到天象之外還可運用指南針；徐兢《宣和奉使高麗經》更提到日夜都可使用指南浮針。

宋朝所造船主要有二大類：軍事用船及政商用船。軍事用船的發展，朝向綜合各船型優點、船身變堅固、船速加快、殺傷力強等這幾個重點在發展。政商用船主要分為：出使官船及民間商船二種。前者的長度、豪華程度及載重都在一般客船的二～三倍以上，藉以宣揚國威；後者則更重視船艙的容量與水密性（避免沈沒而血本無歸）。總的來說，在船隻的堅固度、速度、功能性、水密性、穩定感等各層面，兩宋的造船技術都取得長足的進展。

宋人所發明的羅盤與最先進的造船術，通過阿拉伯人傳到歐洲。宋王朝雖然覆亡了，但是他們的發明創造卻把全人類推向了一個新時代——航海時代。

三、文化傳播媒介方面：發明活字印刷、活絡知識傳播

《夢溪筆談・卷十八》載宋仁宗慶曆年間，平民畢昇發明活字印刷術。既節省費用，又能縮短製版時間，十分經濟方便。畢昇先用膠泥製成泥活字，經火燒變硬，再在鐵板上用松香、蠟及紙灰加熱後置上排版好的活字。本版用完，只要再行加熱，活字就又能重新使用。畢昇以後的翟金生，對泥活字的字形大小進行改良；徐志定則製磁活字以減省排版的時間；王禎則改良木活字，使印刷出來的字形更加美觀。稍後的元明二朝，還有不少人利用錫、銅、鉛嘗試製作更堅固耐用的活字。宋人畢昇所發明的活字版印刷術及其之後的技術改良，讓書籍及其所承載的知識得到更快速的流通。使得全人類能通過書籍的傳播，迅速提高文化水準，印刷術對推升世界文明史具有極高的貢獻。

宋人有著如此驚人的創造力，這與宋王朝的文化寬鬆政策大有關係。宋朝政府對科學技術的發明創造十分重視，更常給予獎勵。馮繼昇進火藥法，賜衣物束帛；唐福獻火器，造船務匠項綰獻海戰船式，各賜緡錢；石歸宋獻弩箭，增月俸；焦偓獻盤鐵槊，遷本軍使；郭諮造戰車、弓弩除鈐轄等等。又如木工高宣設計製造八車船，取得讚賞；水工高超和主持人王亨創新法防洪有功，受賞賜；僧懷丙打撈鐵牛成功，賜紫衣。

有的發明創造，宋朝政府也能及時加以推廣，如沈括製木圖，詔邊州仿製。而各種新式船型創造以後，往往降下船樣，命沿江沿海各州仿造。有關國防方面的科技發明創造更是這樣，由於號召軍民陳述軍器利害，於是「吏民獻器械法式者甚眾」（《宋史・兵志》）。①宋朝科技進步，自然促使宋朝的法醫學取得突破性的進展。（王志亮，二〇〇九）因此宋慈才有足夠的條件，在前人著作中有關法醫檢驗案例的基礎上，結合自己的實踐經驗，編成《洗冤集錄》一書。

《洗冤集錄》是否真具有科學精神，先得要從科學的定義說起。「科學」一詞在十六世紀由弗朗西斯・培根所提出，並被廣泛使用；二〇〇九年英國科學委員會為「科學」下了新定義：「科學是以日常現象為基礎，用系統的方法對知識的追求、對大自然的理解以及對社會的理解。」②

① 兩宋在科技方面所取得的成就，是當時西方社會所望塵莫及的。除了槍炮火藥、航海造船及書籍印刷外，兩宋在天文曆法方面，也有很不錯的發展。中華民族自古以來主要聚居於黃河流域、長江流域等沖積平原地區，擁有良好的氣候、肥沃的土壤、豐富的資源等條件。而這樣的環境條件裡所產生的科學，均與農業生產密切相關，如天文、曆法、數學等，這些學科構成了古代中國科學的主體。宋朝極為重視天象觀測，北宋已出現多種星圖形式，中期以後先後進行了五次大規模的恒星觀測，整個宋朝總共制定了二十多部曆法，由是可見一斑。

② 「科學」和「科技」不同，陳政宏（二〇〇二）認為「科學」指的是歐洲文藝復興以後所發展的一套運用理性、邏輯，並且系統化探索知識的方法及其研究成果。所以，其他文明在此之前的知識系統並不能稱為科學。「技術」則指人類因應自身需要而發明的處理事務的有效方法，其來源並不重要。所以，技術可以自摸索而來，可以知其然不知其所以然，各文明在史前時代也已都有了一些技術。也就是說，「科學」與「技術」基本上是兩碼子事，可以不必有交集的。

《洗冤集錄》首先寫了一篇檢驗總論，這篇總論是一種提綱式的敘述，兼及檢驗程序問題，依次驗傷，保辜、驗屍、屍格、屍圖、骨格，骨圖，辨四時屍變，辨真偽傷痕，許多不常見的情況，和特殊的處理方法，再次就是各種不同的死因，各種不同的兇器，分門別類的詳加敘述，並辨別生前受傷身死、或死後偽裝，都有正確的鑑識方法，除此之外，還提出了許多疑難問題，以及各種毒物，如何急救、如何治療，並附有驗方，就整部《洗冤集錄》而言，不僅有條理，有系統，有先後本末，有始終一貫的科學精神，而且是在萬事萬物中，抽出它的一部分，或在一類中，抽出它的一分子，做精深而確切的分析和研究。由此可以斷言《洗冤集錄》是合乎現代科學規律的。（黃維新，一九八一）

林敏（二〇〇九）的研究更指出《洗冤集錄》中有很多檢驗方法和手段涉及到光學、昆蟲學、現代醫學、化學等方面的知識。如對著陽光用紅油傘遮住骸骨檢驗、利用蒼蠅的生活習性找到殺人兇手、利用屍體出現蛆蟲推斷死亡時間、驗屍前需清洗屍首和殺菌防腐、用銀釵檢驗毒物運用到銀釵遇硫化物產生黑色硫化銀的化學反應等。《洗冤集錄》涵蓋了現代法醫學在屍體外表檢驗方面的主要內容，涉及病理、解剖、藥理、傷科、骨科、檢驗等方面，具備了現代法醫學的輪廓，標誌著中國古代司法檢驗科學獨立知識體系的形成，在當時的法醫學學界佔據領先地位。綜上，《洗冤集錄》是宋慈對中國兩宋以前法醫科技和科學精神在法醫學方面實踐的總結。

《洗冤集錄》撰作的內在條件

《洗冤集錄》的成書與其產生的深遠影響，絕非單純的物質條件即能促成。《洗冤集錄》的作者受到何種教育、何種無形文化環境薰陶，也是促使此一曠世鉅作問世的重要原因。兩宋是科學昌明的時代，但其科學之璀璨開花，並非偶然。就司法檢驗經驗而言，其前也經過了很漫長的一段醞釀。這股醞釀厚植了兩宋的司法檢驗思想土壤，讓宋慈得以左右逢源。了解兩宋以前司法檢驗的思想與經驗傳承，也能幫助釐清宋慈憑藉何種前人留下的成績，成就自己的司法鐵吏美名、創作出不朽的經典。

宋慈年輕時曾拜朱熹弟子吳稚為師；進太學後也很得理學學者真德秀的賞識。由於宋慈本人未曾留下任何哲學方面的著作，因此其所奉行的思想主張不可完全得知；而吳稚因史料缺載，亦不得詳知其思想主張。今知吳稚和真德秀都是朱熹「道問學」的追隨者，如能同時摸清朱熹及真德秀對司法、政治的有關看法，亦將有助於了解宋慈對習得的學問如何應用到實際公務的思考軸心。

一、宋代以前司法檢驗（含法醫學）經驗的積發

（一）秦漢之際

根據鄒濬智（二〇一二）的研究與整理，中國最早的法醫學紀錄可以上溯到秦漢以前。《禮記・月令》就曾提到孟秋之月（七月）要「命理瞻傷察創，視折審斷，決獄訟必端平，戮有罪，嚴斷刑。」此思想後來也被《呂氏春秋・月令》所繼承。而秦國某官員位於雲夢睡虎地附近的墓在今日被挖掘發現。陪葬與法律有關的竹簡占了出土竹簡總數的近半數。睡虎地出土的法律文書當中有一篇與法醫相關——《封診式》。從《封診式》可以看出，兩千多年前的中國刑偵工作和刑事技術工作已經有相當高的水準。此批資料說明戰國末期及秦代的司法檢驗已經相當水準的知識累積與成果表現。

（二）兩漢到魏晉

兩漢雖無法醫學相關的論述，但〔東漢〕班固所著《漢書・薛宣傳》記載到無理毆人致傷，雖然皮膚青黑無瘢痕，但與毆人成創有瘢痕者所犯的罪是一樣的。依照受害者傷勢的不同來決定不同刑度，算是法醫學的實踐。東漢末蔡邕在注《禮記》時曾提到：「皮曰傷，肉

曰創，骨曰折，骨肉皆絕曰斷。」對傷而未死的，「當以傷創折斷、大小正其罪之輕重。」班固和蔡邕的論述，用現代的觀點看就是一種對各種人體損傷及對應刑罰的分類和定義。這在某種意義上也呼應了前面所引《呂氏春秋・月令》篇中的「瞻、察、視、審」不同深度的肉眼檢查傷勢方法。

三國到兩晉之間，吳普和張舉都曾分別利用法醫學知識和動物實驗的方法來幫助案件的審理。以〔東晉〕張舉為例，宋朝《疑獄集》裡記載張舉任句章縣令時，曾審理一妻先殺其夫後焚屍的案子：由於死者之妻堅不認罪，於是張舉取二豬，一死一活併焚之。經觀察，死豬口中無灰，而活豬口中有灰。再看其死者，口中果然無灰，應為先殺後焚，並據此定了殺夫之妻的罪。

（三）大唐到宋初

大唐到兩宋時期的司法檢驗制度，是中世紀同時期世界上最先進、最完備的。楊杞（二〇〇三）指出唐代每個州縣都設立醫學博士，除了執行當地的醫政工作外，還參與法醫學檢驗。唐朝政府對法醫學的重視程度由是可見一斑。《唐律》更明確提出要進行確定致命傷、探討死因以及損傷程度、詐病、自殘、墮胎、年齡、廢（殘）疾等醫學活體檢驗。

南北朝徐之才曾撰著《明冤實錄》，不久失傳；五代十國，和凝父子撰《疑獄集》，記載戰國、秦漢乃至後晉諸種平反冤獄、揭露奸兇的疑難奇案，並對審理案件的當事人如何分析案情、加速獄訟的技巧多所著墨。該書開啟了後世一系列的決獄書籍寫作之風。①

北宋時期曾出現過二本法醫學專著：《內恕錄》和《檢驗法》，但未久失傳。南宋浙西提刑鄭興裔創立《檢驗格目》，規定驗屍必需要詳細記載；之後江西提刑徐以道更建議朝廷把湖南、廣西當時刊用的《檢驗正背人形圖》隨同《檢驗格目》發給檢驗人員使用，還規定在檢驗到傷痕時，官員需依樣用朱紅筆畫下，再令被告共同觀看所畫圖片，確認無誤後畫押簽字。這樣一個具定式的公信力檢驗文書，透過政府的公權力，頒定通行到全國。

中國封建司法審判活動一直比較重視口供，把口供作為定罪量刑的主要依據。但是宋朝的司法審判則廣泛使用物證。自宋初確定「眾證定罪」原則之後，物證在審判活動中的地位得到明顯提高。審判中限制刑訊，即使犯罪嫌疑人已經招認，也必須查取證物以驗證口供，否則司法官要承擔嚴重的法律責任。②

---

① 〔北宋〕鄭克《折獄龜鑑》、桂萬榮的《棠陰比事》都曾受到該書的影響，《四庫全書》因而評價道：「《疑獄集》中所記皆平反冤獄、抉摘奸慝之事。俾覽者觸類旁通，以資啓發。雖人情萬變，事勢靡恒，不可限以成法而推尋故跡，舉一反三，師其意而通之，於治獄實有裨益。」

② 譬如審判盜竊案如果不能查出窩藏的贓物和地點，司法官要受到徒一年的處罰，追查不盡者，徒一年。正因為對證據要求的提高，宋朝建立了嚴密的司法檢驗制度，包括檢驗範圍、檢驗程式、檢驗責任等。李曉琴（二〇〇八）指出在檢驗範圍上，凡殺傷公事及非理死者死前無近親在旁兩種非正常死亡的情況，必須差官檢驗；在檢驗程式上，一般要經過報檢、初檢、複檢三個程式；檢驗必須作筆錄，如對兇殺案現場勘驗，要求必須依法定「四逢屍首」格式進行核對總和記錄，並要

宋朝因為重視法律（詳下），也積累了豐富的法律實踐經驗，有關人士十分注意分析案例，因而出現了結合法律案件和司法檢驗經驗的《折獄龜鑑》和《棠陰比事》二書。《洗冤集錄》則總結了包含此二書及其以前的法醫學經驗。

宋慈嘗自言《洗冤集錄》的撰寫是：「遂博采近世所傳諸書，自《內恕錄》以下凡數家，會而粹之，釐而正之，增以己見，總為一編。」（見該書序）舉例來說，鄭克在《折獄龜鑑》分析偵辦案件必須「正」、「譎」並用：「必依於正，以此用話，則無敗事」。雖然「譎非正也，然事有賴以濟者」只有「正不廢譎，功乃可成；譎不失正，道乃可行」。二者結合「情必得矣」。宋慈在《洗冤集錄》裡所記載的一個案例，就是用這樣的「奇巧之術」來斷案的：

> 有檢驗被殺屍在路旁，始疑盜者殺之，及點檢沿身衣物俱在，遍身鐮刀斫傷十餘處。檢官曰：「盜只欲人死取財，今物在傷多，非冤仇而何！」遂屏左右，呼其妻問曰：「汝夫自來與甚人有冤仇最深？」應曰：「夫自來與人無冤仇，只近日有某甲來做債，不得，曾有克期之言，然非冤仇深者。」檢官默識其居，遂多差人分頭告示：「側近居

畫出「俯、仰、左、右四人狀」。此外法律還規定了檢驗人員的組成和責任，檢驗人員必須與案件無關聯，應按照法律規定的檢驗範圍、檢驗時間如實進行檢驗，不許受賄舞弊。

> 民各家所有鐮刀盡底將來，只今呈驗。如有隱藏，必是殺人賊，當行根勘。」俄而，居民齎到鐮刀七八十張。令布列地上。時方盛暑，內鐮刀一張，蠅子飛集。檢官指此鐮刀問：「為誰者？」忽有一人承當，乃是做債克期之人。就擒訊問，猶不伏。檢官指刀令自看：「眾人鐮刀無蠅子，今汝殺人，血腥氣猶在，蠅子集聚，豈可隱耶？」左右環視者失聲歎服，而殺人者叩首服罪。（《洗冤集錄・疑難雜說下》）

這裡用到了「正」問其妻，「譎」用奇巧之術，二者並用的方法成功破案。

另外，《折獄龜鑑》指出：「證以人，或容偽焉，故前後令莫能決；證以物，必得實焉，故盜者始服其罪」；「旁求證左，或有偽也；直取證驗，斯為實也」書中再三強調證據的重要。而宋慈在《洗冤集錄》裡也記載了一個案例：

> 廣右有兇徒謀死小童行，而奪其所齎。發覺，距行兇日已遠。囚已招伏：「打奪就推入水中。」尉司打撈已得屍於下流，肉已潰盡，僅留骸骨，不可辨驗，終未免疑其假合，未敢處斷。後因閱案卷，見初焉體究官繳到血屬所供，稱其弟原是龜胸而矮小。遂差官複檢，其胸果然，方敢定刑。（《洗冤集錄・疑難雜說下》）

官員在案卷裡查到屍親供述被害人是個龜胸矮小之人，檢驗官複驗果然如此，才敢定刑。綜上可知，《洗冤集錄》是宋慈對中國兩宋以前所有法醫學知識及相關偵查原理的一次系統歸納。

二、朱熹及真德秀理學思想的廣泛感染

在趙宋王朝建立之後，為了避免像五代那樣的紛紛擾擾，統治階級努力思考各種可以促進中央集權的做法。在此般氣氛之下，儒學思想也有了大一統的需求。王安石是儒家在政壇上取得最大權力的代表，但他在政治方面的表現是失敗的；北宋二程子努力為儒學開創新的路子，但程氏兄弟自己就無法取得主張上的統一。這樣的一個儒學分裂、各說各話的局面，直到南宋朱熹集前人思想之大成，進一步確立儒家獨尊地位，才得到澈底改善。兩宋特別是南宋的思想主流，說穿了就是朱學，這漫天蓋地的思想氛圍，有那些形成了宋慈寫作《洗冤集錄》的「基本面」，以下將一一探述之。③

③ 以下參考部分鄭穎慧（二〇〇七）的研究加以說明之。

（一）對《洗冤集錄》產生影響的朱子思想

1.「德禮政刑」、「相為始終」

朱熹對法律的看法主要繼承孔子「道之以政，齊之以刑，民免而無恥；道之以德，齊之以禮，有恥且格」的精神，並在此基礎上進行了新的發明：首先，朱熹注意到了「政」與「刑」之間、「德」與「禮」之間的內部聯繫；其次，朱熹從常和變的角度去研究「德」、「禮」、「政」、「刑」四者的外在聯繫，並把它們納入其法律思想的核心「存天理，滅人欲」框架。朱熹認為，作為封建統治方法的「德禮政刑」，在本質上是一致的，都統一於封建道德倫理規範。但在實際運用中，又有輕重本末之別。

朱熹認為，對統治階級來說，法制、禁令（「政」）是統治的工具，刑罰（「刑」）是輔助統治的方法，「德」、「禮」是進行統治的依據，而「禮」又以「德」為基礎。朱熹「德禮政刑」理論的體系是：「德禮」為本、「政刑」為末，而在「德禮」之中又以「德」為本，「禮」為末，「政刑」則並列為治國的工具、方法。在此，「本」、「末」除了體用的意思外，還有先後的意思，也就是說，朱熹的「德禮政刑」理論認為「政刑」、「德禮」互相依存、互相支援，不能有所傾斜。（參《朱子語類・卷十九》、〈知南康榜文〉）

中國的法律和儒家思想脫不了關係。（陳松，二〇〇九）兩宋是中國法律發展的柢定期，融合了儒家思想想相關條文規定及立法精神都十分成熟。成長並執法於南宋的宋慈，接受完整的國家法學訓練，寫作《洗冤集錄》時也就很自然的融入國家的法學思想。宋朝皇帝有講求法制的傳統，徐道鄰（一九七六）的研究指出，從太祖、太宗到南宋高宗、孝宗、理宗都懂法和講究法律。根據張晉藩、郭成偉（一九九九）與王志亮（二〇〇九）的研究可知，宋代法律思想有以下幾個核心：「事為之防，曲為之制」、「王者禁人為非，莫先法令」、「臨下以簡，必務哀矜」、「重懲貪贓受賄」

宋慈的《洗冤集錄》明顯地在儒學的基礎上為法律服務。該書是為了幫助官吏斷案、彌補官吏檢驗知識不足而寫的。（黃瑞亭，二〇〇四）兩宋的法律，說穿了就是儒學重情重理重民政治思想延伸，因此宋朝法律思想對服膺理學的宋慈而言，影響很大，這同時也反應在他撰寫《洗冤集錄》的心路之中。從宋慈的司法實踐經歷裡不難看出其作為一個政府官員，在執法過程中必先以法律規定為第一遵守要務。除了對違法亂紀者務必究責到底外，宋慈執掌兵符期間，對威脅統治階級的地方反叛，其鎮壓可說是毫不手軟。像宋慈參加過鎮壓江西南安等地的農民叛變，鎮壓過福建汀州、邵武、劍州等處農民叛變和汀州城軍士囚禁州守陳孝嚴叛變，這部分反映出宋慈的「嚴厲」形象。④雖說如此，嚴厲的宋慈在實踐司法正義時

④〔宋〕劉克莊：〈宋經略墓誌銘〉：「調鄞尉，未上，丁外艱。再調信豐簿。帥鄭公性之羅致之幕，多所裨益。秩滿，南、安境內三峒首禍，毀兩縣一寨，環雄贛、南、安三郡，數百里皆為盜區。臬司葉宰懲前招安，決意剿除，創節制司，

並非酷吏，他也仍謹慎遵守「慎刑恤獄」、「禮法並用」、「寬嚴相濟」、「臨下以簡」等原則。（詳下）

2.「以嚴為本」、「以寬濟之」

朱熹認為只有執法「以嚴為本」，才能禁奸正亂，制止犯罪，使人民「被其澤」，「實受其賜」，這樣的想法立基於「『刑』是『德、禮、政、刑』中承前啟後的關鍵」。朱熹「以嚴為本」的司法思想反映在刑罰手段上，就是主張恢復「肉刑」。朱熹主張恢復肉刑的理論依據仍是儒家的「仁」，即「全其性命」（《朱文公文集・卷卅七》）。陶有浩（二

准遺闕辟公。時副都統陳世雄擁軍，兵不進；公亟趨山前，先賑六堡饑民，使不從亂。乃提兵三百，倡率隅總破石門寨，俘其酋首。世雄恥之，逼戲下，輕進賊；賊投覆誘之，兵將官死者十有二人。世雄走贛，賊得勢，三路震動。公欲用前賑六堡之策白臬使，數移文倉司。魏倉司大有置不問聞，公主議銜之。公率義丁力戰，破高平寨，擒謝寶崇，降大勝峒，曾志皆渠魁也。三峒平，幕府上功，特授舍人官。臬去倉揖挾仇庭辱，公不屈折，拂衣而去。語人曰：「斯人忍而愎，必召變。」魏怒，劾至再三。不旋踵，魏為卒朱先所戕。閩盜起，詔擢陳公韡為招撫使，陳公用真公言，檄公與李君華同議軍事。……時凶渠猾酋犄角來援，護軍主將矛盾不咸。公外攘援，卻內調奸誤，先計後戰，所向克捷，直趨招賢、招德，擒王朝茂，破邵武者也。殺嚴潮，降王從甫，與李君入潭州飛瀿，百年巢穴一空，唯大酋丘文同挾謀主吳叔夏、劉謙子竄入石城之平固。公與偏將李大聲疾馳平固，執文通、叔夏、謙子以歸。招德賊酋余友文謀中道掩奪，並俘友文以獻，大盜無漏網者。先是魏劾疏下，陳公奏雪前誣，復元秩。汀卒囚陳守孝嚴，櫻城負固。陳公檄公與李君圖之。既至，先設備，密撫定其榜。公與李軍坐堂下，引郡卒支犒，卒皆挾刃入。李公色動，公雍容如常，命梟七卒，出旗榜，貸餘黨，眾無敢嘩。」

〇〇七）認為朱熹提出此種主張，要在強調刑罰威懾力量的重要性。朱熹「以嚴為本」的思想，反映到訴訟的過程上就是「明慎用刑而不留獄」（《周易・大象・傳》）——提高審判品質和審判效率。

「以嚴為本」的司法思想在審判活動中的另一反映，就是要求審判必須融會封建宗法等級觀念：「凡聽五刑之訟，必原父子之親，立君臣之義以權之。蓋必如此，然後輕重之序可得而論，淺深之量可得而測」（朱熹引《禮記・王制》）；「凡有獄訟，必先論其尊卑、上下、長幼、親疏之分，而後聽其曲直之詞。凡以下犯上、以卑淩尊者，雖直不右；其不直者，罪加幾人連坐；其有不幸至於殺人者，雖有疑慮可憫，而至於奏讞，亦不准輒用擬貸之例。」（朱熹上宋孝宗書所言）朱熹認為封建宗法等級制度就是「天理」，維護它就是維護「天理」。為了這個封建宗法等級制度「天理」，司法審判的一切都可以遷就。

朱熹「以嚴為本」的司法思想看似嚴酷，但並不「濫刑」，相反地朱熹強調「慎刑」和以寬濟嚴。朱熹的「寬」是有特定條件的，就是「罪之疑者從輕，功之疑者從重。所謂疑者，非法令之所能決，則罪從輕而功從重」。這些主張極具合理性和靈活性，從而避免了濫殺無辜。

如以接受錢穆《晚學盲言》（二〇〇四）的觀點為前提，並認同人權是社會歷史發展的關鍵，我們便可將宋代理學思想中大量討論「人」之所以為「人」的思想、人高於宇宙萬物的思想、人要有人性、人心的思想等看作是古代以人為本理論的幾個主要議題和元素。〔宋〕張載明確提出「得天地之最靈為人」的命題。雖然「唯人萬物之靈」、「人最為天下貴」（《荀子》）的命題早在先秦時期就出現了，但要到張載，才是以哲學形上學的角度肯定人的價值，這是中國哲學史上的一次大飛躍，也是具有中國思維特色的形上學。（鄭蘇淮，二〇〇九）

再如王安石提出：「性者，有生之大本也。」「生」指生命。就是說「人性」的基本前提是人的生命。人只有具有生命，才能夠存在「人性」，才可能討論「人性」的問題。反之，就無從談「性」了。因此，人性之中所包含的所有內容都必須在人生存在。這樣一個基本前提下，才有討論的可能。這實際上突出了人的生命權。因此，從歷史發展的角度講，宋代的思想已經包涵了人本與人權的因素。

理學的探究主體，向外是物性，向內則是人的心性。理學對人的存在人的天性的種種研討，促使宋慈在寫作時自然考慮到案件關涉人等的待遇和感受。也因此，宋慈在寫作時落實了朱熹、真德秀的德刑相濟、速審速決主張。《洗冤集錄》倡導這些主張，就是以人為本、重視人權的先聲。

《洗冤集錄．驗傷、保辜總論》提到的：「按殺人之獄，謀故者少，鬪毆者多，而鬪毆之律，重在保辜，謂以毆傷之人，責付毆者，調理醫療，照律立限，限滿之日，定罪發落。」又說：「保辜，為人命關頭，一經告官，務須親眼驗看，按傷勒限，倘失調殞命，計算時刻，以定辜限內外，並將被毆時刻，明立文案。」該書對傷害罪兩造權利義務的仔細說明、對人命關天案件的慎審態度可以看出《洗冤集錄》是如何地關心人、如何地關心人權。《洗冤集錄・卷二》也記到：

> 凡驗官，多是差廳子、虞候，或以親隨作公人、家人各目前去。追集鄰人保伍，呼為先牌，打路排保，打草踏路，先馳看屍之類，皆是搔擾鄉眾，此害最深，切須戒忌。

擔心小吏小官拿著雞毛當令箭，藉口魚肉鄉民或家屬，宋慈嚴格禁止官員辦案時差遣廳子、虞侯、公人、家人先行打點。於此亦能見到宋慈對弱勢民眾的體貼和關懷。

黃維新（一九八一）指出《洗冤集錄》雖非宋律，但顧名思義，名之曰《洗冤集錄》，即是所有的冤屈，能夠從書中的鑑識方法明辨是否曲直；所有冤屈，一洗而盡。書一開頭便說：「事莫大於人命，罪莫大於死刑」，又說：「使知法者畏法，民鮮犯法，保全生命必多」。在許多案例中，要求處處得為被害人設想，反覆辯論，務必求得水落石出，方告結案，這種毋枉毋縱的精神，就是懲治少數不法之徒，保障大眾的安全，這與今日的民本及法治精神也是十分吻合。

（二）對《洗冤集錄》產生影響的真德秀思想

在朱熹思想鋪天蓋地的南宋學壇，宋慈自然身履朱派學問；宋慈又循一般士人為宦的管道進入太學深造，當時太學主持人真德秀對他也當有所影響。真德秀基本上祖述朱熹，稱朱為「百代宗師」，他的學術著作對朱學也有新的闡發；⑤真德秀的思想從朱熹轉出，對宋慈又有何啟發？⑥

儒家以為在多數人相信但又沒得到科學的確鑿證實之前，採用存疑態度對待鬼神也是可以的。理學家張載就說：「鬼神者，二氣之良能也。」（《正蒙・太和》）真德秀從張載的觀點出發，進一步指出：

> 若以鬼神二字言之，則神者氣之伸，鬼者氣之屈。……神者伸也，鬼者歸也。且以人之身論之，生則曰人，死者曰鬼……自其生而言之，則自幼而壯，此氣之伸也；自壯而老，自老而死，此又伸而屈也。自其死而言之，則鬼遊魂降，寂無形兆，此氣之屈也。

⑤ 孫先英（二〇〇五）指出，真德秀在朱熹學說的框架下整合了佛道學說，從心學和實學兩個方向發展了朱子學說，從而也形成了真德秀理學的心學和實學特色。

⑥ 以下關於真德秀修養思想的闡發，原文主要引自《讀書記》，概不另註。

及子孫享把以誠感之，則又能來格，此又屈而伸也。（《真文忠公全集》）

真德秀是主張神道設教的。宋代時賢如范仲淹、蔡襄、寇準等均被傳為出任閻王乙職，沈宗憲（二〇〇〇）指出這些傳說多半具有勸世宣化性質。真德秀對靈澤廣惠夫人做出「生以誠事親，以誠惠民」的評語（《西山先生真文忠公文集‧跋誠應廟記》）也是這樣的思考路數。

另外真德秀亦用精氣說來論證他的形神觀。他說：

人之生也，精與氣合而已。精者血之類，滋養一身者，故屬陰。氣是能知覺運動者，故屬陽，二者合而為人。精即魄也，目之所以明，耳之所以聰者，即精之為也，此之謂魄氣充乎體。凡人心之能思慮，有知識，身之能舉動，與夫勇決敢為者即氣之所為也，此之謂魄。……魂魄合則生，離則死。（《真文忠公全集》）

用這種觀點解釋人之形神關係，其理論雖遠不及范縝之貼切，但它已與有神論開始背離，⑦使得迷信的迷霧漸漸散去，這樣的理智精神對宋慈有著深刻的影響。

⑦ 其餘可參〈真德秀〉，「中文百科在線」，http://www.zwbk.org/MyLemmaShow.aspx?zh=zh-tw&lid=66660

理學強調窮究「理」的本身（格物致知），並且在究理之外還要敬行（頗類知行合一）。朱熹白鹿洞書學規「博學、審問、慎思、明辨、篤行」深刻透顯出這樣的思維。真德秀對無法證明其存在與否的鬼神提出他的懷疑，這樣的思考模式也影響宋慈在辦案、驗證時抱持應用所學與究理質疑的態度。同樣的態度也體現在《洗冤集錄》當中。

宋慈認為：「獄事莫重於大辟，大辟莫重於初情，初情莫重於檢驗」、「或疑信未決，必反覆深思，惟恐率然而行，死者虛被滂漉」（《洗冤集錄・序》），堅持「審之又審」，「告狀切不可信，須是詳細檢驗，務要從實」。（《洗冤集錄・卷六》）審案要仔細推敲，物證要眼見為憑；對一切可疑之處詳加檢驗，這是宋慈特別在書中提出來的專業堅持。

宋慈的「大膽質疑，小心求證」堅持落實到司法檢驗實務上，特別地要求官員要親臨現場，以免生弊。而若因胡亂勘驗，致案情不明而有冤：

諸屍應驗而不驗，初複同；或受差過兩時不發，遇夜不計，下條準此；或不親臨視；或不定要害致死之因；或定而不當，謂以非理死為病死，因頭傷為脅傷之類，各以違制論。即憑驗狀致罪已出入者，不在自首覺舉之例。其事狀難明定而失當者，杖一百。吏人、行人一等科罪。（《洗冤集錄・卷一》）

宋慈的要求不是沒有道理，因為行人、鄉紳、小吏有可能藉案營私舞弊，而官員親到現場進行勘驗，恰能防止有心人的蒙蔽而得到實情：「凡檢複，須在專一，不可避臭惡。切不可令仵作行人遮閉玉莖、產門之類，大有所誤。仍仔細驗頭髮內、穀道、產門內，慮有鐵釘或他物在內」（《洗冤集錄・卷八》），「皆有可憑實跡，方可保明」（《洗冤集錄・卷五》）。

因此就連男官相驗婦女，也得不顧禮教，要在大庭廣眾之前，以使檢驗結果昭取公信：「凡驗婦人，不可羞避」、「檢婦人，無傷損處須看陰門，恐自此入刀於腹內」。如死者是富家女，因容易產生司法糾紛（女子家人可能挾其家族勢力施壓以影響案件偵辦；入贅婿繼承遺產的道德風險問題等），還須把女屍抬到光明平穩處，「令眾人見，以避嫌疑」（《洗冤集錄・卷九》）。

結語

根據本文的討論可知，有宋一代積極發展的新儒學——理學，其「格物致知」在朱學裡開展後的結果，充分的被宋慈所吸收，對宋慈的影響最大。朱子學的「格物致知」，所格之物既可以是人之外的客觀存在，也可以是人本身的心性。前者訓練宋慈養成冷靜觀察（格自然現象之「物」）與小心求證（致科學知識之「知」）的態度；後者則讓宋慈能設身處地關懷受害者（格人心之「物」），並盡力透過證據和證詞去推測兇手的行兇動機與過程（致案情之「知」）。

破案之後宋慈並非都要嚴加追究加害人的罪責，而是要去推敲他是逼不得已、情有可原，還是良心喪盡、罪該萬死。在法律層面嚴格究責，但在情理層面人溺己溺，不願相信人性有惡（理學家普遍認為人有天賦人成的善性），這是宋慈對朱子「寬嚴相濟」和宋律「必務哀矜」觀念的充分實踐。而宋慈在偵查過程的大膽假設，小心求證，對任何案件皆抱持謹慎小心的態度，則明顯是真德秀「遇事則疑」、「求理持敬」思想的具體落實。

除了宋慈個人教化條件的影響，中國科技發展到兩宋，水準已達空前（史式，二〇〇九）。①文化之外，兩宋的科技與研發成果也在物質層面充分支撐了《洗冤集錄》的論述（胡坤，二〇一〇），因此宋慈的《洗冤集錄》能在一定的知識高度上創造出它的歷史價值，並非偶然。

《洗冤集錄》由歷代法醫知識和當代執法檢驗經驗總結而成，在法醫學方面的貢獻特別大。可以說從《洗冤集錄》以後，它加上模仿它而寫成的作品，建構起西方法醫學傳入東方以前的司法檢驗天地。對照中國之外最早的法醫學專著——義大利學者佛圖納圖・菲德里斯撰寫的《醫生的報告》，它的問世還遠較《洗冤集錄》晚三百五十五年，內容也沒有《洗冤集錄》那般完備，無怪乎後人要稱宋慈為「世界法醫學之父」了（楊曉莉，二〇一三年）。

一七七九年，《洗冤集錄》被譯成法文後向國際傳播，一八五三年再被譯成荷蘭文，隨後又被譯成英文。一九八一年，美國夏威夷大學還特別出版了由雲克奈特教授翻譯，名為《洗除錯誤——一三世紀的中國法醫學》的《洗冤集錄》譯本。到一九八五年，《洗冤集錄》已被翻譯成英、法、德、俄、日、意、荷蘭、韓等十四種文字。今日受到電視劇的影

① 史式在探研兩宋的科技文明之後讚嘆的說：「一般來說，在古代的世界上，能征慣戰的國家不會太窮，必要的時候，他們可以佔領別人的土地，掠奪別人的財富。在軍事上處於弱勢的國家，經常受到強國的敲敲打打，就很難發展起來。但是像宋王朝這樣，在軍事上，始終是個矮子，在經濟和文化上能夠發展成為巨人，這是一件很不容易的事，也可以說是一個世界奇蹟。」

響，《洗冤集錄》也透過海外華人社群更深一層的影響國際。《洗冤集錄》在世界上廣泛流傳，儼然成為刑事司法檢驗的指南。它不僅是中國古代科學研究的一朵絢麗之花，也是中國對世界科學的一項卓越貢獻。

（本文原以〈華夏文明在中古司法的拔尖——宋慈撰作《洗冤集錄》內外條件綜論〉為題，發表於《全人教育集刊》第一輯，二〇一四年十月。）

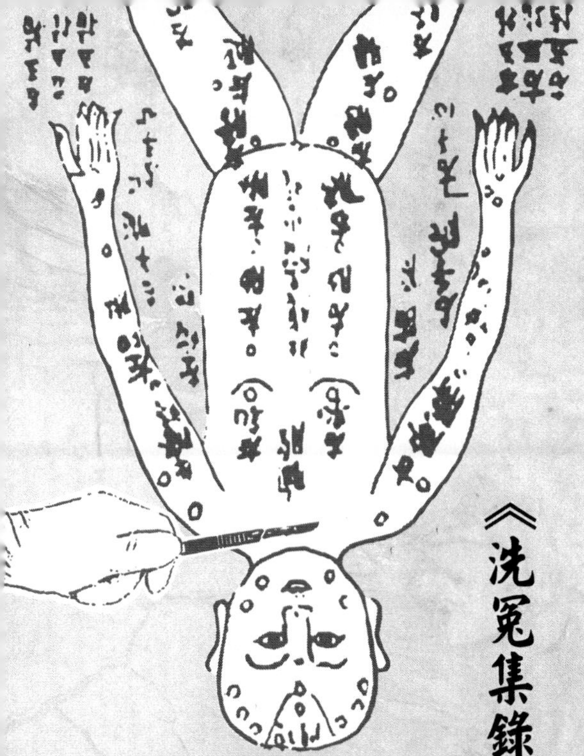

《洗冤集錄》原文與譯文對讀

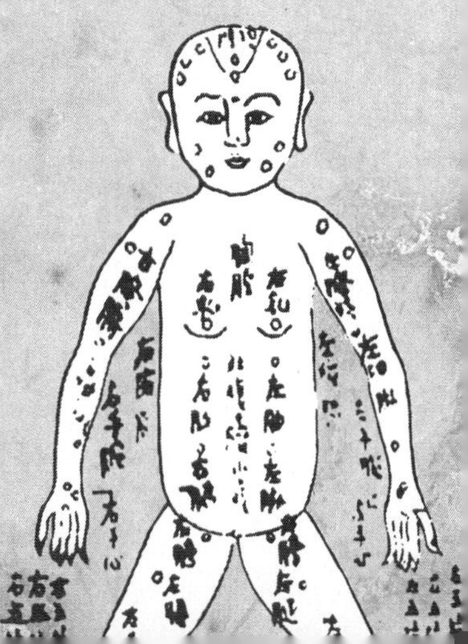

《洗冤集錄》宋慈序

【原文】

獄事莫重於大辟，大辟莫重於初情，初情莫重於檢驗。蓋死生，出入之權輿；幽枉，屈伸之機括①，於是乎決。法中所以通差今佐理掾②者，謹之至也！

年來州縣，悉以委之初官，付之右選③，更歷未深，驟然嘗試。重以仵作之欺偽、吏胥之奸巧，虛幻變化，茫不

【譯文】

在所有案件的審理中，最重要的就是死刑的判決，而要對犯人判處死刑，最重要的就是搞清楚案發情形，而要弄清案發過程，最重要的就是要依靠檢驗的手段。因為人犯是生是死，斷案是曲是直，冤屈是伸張還是錯成，全取決於檢驗後所得到的結論。這也就是法律提醒州縣審理案情的所有官員，必須特別謹慎的道理所在，一定要無比小心才行啊！

但近年來各地方州縣衙門，卻把如此重大的事項交給一些新科官員或是武官去辦理，這些官員有的沒什麼經驗，便驟然承辦案件，如果再有仵作欺瞞，衙門中的小吏居中舞弊，那麼撲朔迷離的案情就更難弄清楚了。就

可詰。縱有敏者，一心兩目，亦無所用其智，而況遙望而弗親，掩鼻而不屑者哉！

慈四叨臬寄④，他無寸長，獨於獄案，審之又審，不敢萌一毫慢易心，若灼然知其為欺，則亟與駁下。或疑信未決，必反覆深思，惟恐率然而行，死者虛被澇漉⑤。

每念獄情之失，多起於發端之差；定驗之誤，皆原於歷試之淺。遂博採近世所傳諸書，自《內恕錄》以下凡數家，會而粹之，釐而正之，增以己見，總為一編，名曰《洗冤集錄》，刊於湖南憲治，示

算有一些官員挺幹練，可單憑著一個人的聰明才智，也有所不及，更不用說那些遠望著非親非故的屍體不肯近前、對屍臭避之猶恐不及的一般官吏了！

我宋慈這個人四處出任執法官，別的本事沒有，唯獨在斷案上特別認真，案件務必審了再審，不敢有絲毫的馬虎。如果發現案情中存在欺詐隱瞞，必定嚴厲的駁斥矯正。如果有難以解開的謎團，我也一定反覆思考，就怕獨斷專行，讓死者屍身多受折磨。

我常常在想，案件之所以會出現誤判，很多都是由於剛著手調查時的粗心；勘查驗證出差錯，則是因為承辦官員經驗不足所致。有鑑於此，我廣取博引近世流傳的法醫學著作，從《內恕錄》以來好幾種文獻，認真理解，取其精華，去其謬誤，再加上自己長期以來的實務經驗，編成一本書，叫《洗冤集錄》，在我湖南任內刊印出來，給我的同僚們研讀，讓他們在審理案子時有個

我同寅。使得參驗互考，如醫師討論古法，脈絡表裡先已洞澈，一旦按此以施針砭，發無不中。則其洗冤澤物，當與起死回生同一功用矣。

淳祐丁未嘉平節前十日，朝散大夫、新除直秘閣、湖南提刑充大使行府參議官宋慈惠父序。賢士大夫或有得於見聞及親所歷涉，出於此集之外者，切望片紙錄賜，以廣未備。

慈拜稟

參考。就像醫師學習古代醫書處方那樣，在診治病人之前，事先就已經清楚一切脈絡，再來對症下藥，如此則沒有不見效的。而就審案來說，其所發揮的洗清冤屈、幫助受害人的作用，與醫師救人起死回生的道理也是相同的。

淳佑年丁未嘉平節前十日，朝散大夫、新除直秘閣、湖南提刑充大使行府參議官宋慈字惠父作序如上。如果各位賢良官員在自己所見所聞以及親身參與辦理的案子中，發現有與本書所舉的審理勘查方法及案例有所出入，懇請寫封信來給我，方便我把遺漏的案例給增補進去。

宋慈再拜稟告

① 機括原指弩上發矢的機關，此指事情的關鍵。
② 理掾為古代管理刑獄的官員。
③ 宋朝選官分左右選，右選選拔武官。
④ 臬指臬臺、臬使、臬司一類四處訪查的按察使、廉訪使；寄指寄宿、寄寓。臬寄此指調任四處為官。
⑤ 澇指浸濕，漉指瀝乾，此指死者屍體遭到風吹雨打。

醫辨①

宋序於蔡某心有戚戚焉，大體解剖課是養成一位醫生或是法醫鑑識官的必經之路（最重的八學分科目）。能藉此接觸真實的大體（cadaver），是一種使命也是一種責任。

港劇「法證先鋒」戲劇效果演得太過神化，專業的法醫不會只憑表面傷勢，就輕言判斷死因。死因的推斷可能是由多個因素所組成。除了解剖學上的資料外，還要結合生化分析，環境證據，證人記錄等多個因素，才能提供一個最可能的直接死因。就算頭部撕裂傷，都未必是因此致死，也可能是由於心臟病發致死，暈倒時撞擊硬物所致，他殺後再故佈疑陣製造的「死後傷」。

① 希望讀者連結古代法醫與今日醫學觀點進行思辨，故正文中，筆者意見以「醫辨」開頭。如欲交誼切磋，望以E-mail來信賜教：ggconfis@gmail.com。

卷二

一、條令

【原文】

諸屍應驗而不驗——初複同；或受差過兩時不發——遇夜不計，下條準此；或不親臨視；或不定要害致死之因；或定而不當，謂以非理①死為病死，因頭傷為脅傷之類，各以違制②論。即憑驗狀致罪已出入者，不在自首覺舉之例。其事狀難明定而失當

【譯文】

對於非正常死亡的屍體，應該檢驗而不檢驗的——包括初驗和複驗；或者接到檢驗任務，過了兩個時辰還不出發——夜間接到任務，黑夜時間不計算在內，下條同此；或者不親自到屍體現場驗看的；或者雖然檢驗了，但沒有鑑定出要害致命原因的；或者作出錯誤鑑定的，像把非正常死亡認作病死，因頭部受傷致死認作因脅部受傷致死等，都按失職論處。根據驗屍報告上的錯誤記載而陷人於罪的，或為人開脫罪責的，不適用自首寬免的規定。如果屍體損傷情況不易驗明，因而鑑定錯

者，杖一百。吏人、行人一等科罪。

諸被差驗複，非係經隔日久而輒稱屍壞不驗者，坐以應驗不驗之罪。淳祐詳定。

諸驗屍，報到過兩時不請官者；請官違法或受請違法而不言；或牒③至應受而不受；或初複檢官吏、行人相見及漏露所驗事狀者，各杖一百。若驗訖，不當日內申所屬者，準此。

諸縣承他處官司請官驗屍，有官可那而稱闕④；若闕官而不具事因申牒；或探伺牒至而托故在假被免者，各以違

誤的，打一百大板。檢驗人員和參加檢驗的差役受同樣的處分。

奉派驗屍，如非屍體間隔時間太久，卻謊報屍體腐爛不堪檢驗，按應該檢驗而不檢驗論罪。這條是淳祐年間審定的規定。

凡是驗屍，報案後過兩個時辰還不延請官員去檢驗的；延請違法，或者受請官員明知違法而不講明的；或者接到驗屍的公文，應該接受任務卻不接受的；或者辦理初驗的官員、差役、隨從和辦理複驗的人員私下會見，把自己檢驗的資料洩漏出去的，都打一百大板。若是檢驗完畢，當天不向主管長官申報，也要受同樣的處罰。

各縣接到別處延請驗屍的公文後，凡是可以派官卻推說無官可派的；或無官可派但不即時將理由回報的；或得知延請驗屍的公文下達，卻以仍在休假為藉口，不接受檢驗任務的，都按失職論處。

制論。

諸行人因驗屍受財，依公人⑤法。

諸檢複之類應差官者，差無親嫌干礙之人。

諸命官所任處，有任滿賞者，不得差出。應副檢驗屍者聽差。諸驗屍，州差司理參軍；本院囚別差官、或止有司理一院，準此。縣差尉、縣尉闕，即以次差簿、丞，縣丞不得出本縣界。監當官皆缺者，縣令前去。若過十里或驗本縣囚，牒最近縣，其郭下縣皆申州。應複驗者，並於差初驗日，先次申牒差官。應牒最近

隨從、差役等在檢驗工作中收受賄賂，依公人法處分。

檢驗人員應委派與該案當事人沒有親戚關係和利害牽連的人員擔任。

凡是朝廷任命的官員、任期已滿、等候升調的，不得派出驗屍，應派協理刑案的其他官員前去。凡是驗屍，州府裡應派出司理參軍；司理院的在押嫌犯死亡，如果州府只設有司理院，仍由司理參軍檢驗。縣衙裡應派縣尉去。沒有縣尉，就應該依序派主簿或縣丞去，縣丞只能在本縣範圍內執行任務，不能出本縣。如果上述這些官員都缺員，縣官應親自去。如果屍體現場在縣界十里以外，或者檢驗本縣死亡的囚犯，應通知最近的鄰縣派官員去。州治所在地的縣發生命案，都要上報到州府。應該複驗的，在派出初驗官的時候，應報請上級派出複驗官。應該通知最鄰近縣的官員去檢驗的，如果百

縣而百里內無縣者，聽就近牒巡檢或都巡檢。內複檢應止牒本縣官而獨員者，準此。

謂非見出巡捕者、諸監當官出城驗屍者，縣差手力、伍人當直。

諸死人未死前，無緦麻⑥以上親在死所——若禁囚責出十日內及部送⑦者同。並差官驗屍。人力、女使經取口詞⑧者，差公人。囚及非理致死者，仍複驗。驗複訖，即為收瘞⑨。仍差人監視；親戚收瘞者，付之。若知有親戚在他所者，仍報知。

諸屍應複驗者，在州申

里內沒有縣城，可以通知附近的巡檢或都巡檢辦理；其中複檢只能派本縣官員去；本縣官員只有一個的，才通知附近沒有出巡的巡檢去。

各檢驗官出城驗屍的時候，縣裡派差役、軍卒都要跟去協助。

各種死者，生前如果沒有五服以內的親屬在場照應——已決犯在責打後十日內死亡的，和未決犯死亡的同此，不管是否正常死亡，都要派官員驗屍；男工、女婢死亡，如果生前已經取得的口供，只須派差役去驗看。囚犯死亡的和非正常死亡的，都要複驗。複驗完畢，就可以收埋；收埋的時候，要派差役監視；死者親戚來領屍收埋的，可以給他。知道死者有親戚住在別處的，應該通知他們來收屍。

各種屍體應該複驗的，州府管的應該上報州府；

州；在縣，於受牒時牒屍所最近縣。狀牒內各不得具致死之因。相去百里以上而遠於本縣者，止牒本縣官。獨員，即牒他縣。

諸請官驗屍者，不得越黃河、江、湖——江河謂無橋梁，湖謂水漲不可度者。及牒獨員縣——郭下縣聽牒。牒至，即申州差官前去。

諸驗屍，應牒近縣而牒遠縣者，牒至亦受。驗畢，申所屬。

諸屍應牒鄰縣驗複，而合請官在別縣，若百里外——或在病假不妨本職非，無官可那

縣裡管的，當接到檢驗公文的同時，應通知離屍體現場最近的縣，派官員前去複驗，公文中也不得寫出死亡原因。如果最近的鄰縣離屍體現場在一百里以上、比本縣還要遠的，只派本縣官員去複驗，如果本縣的檢驗官只有一個，則通知別縣派官員前去。

延請官員驗屍時，不應到黃河或其他大江大湖彼岸的縣去請——江河是指沒有橋樑可通的那種，湖指水漲不能度過的那種。也不能到只有一個官員的縣去請——州治所在地的縣可以延請。接到驗屍的公文後，即應報請州府派官員去複驗。

凡是驗屍，如果沒有按規定通知最鄰近的縣而通知較遠的縣，這樣的縣也應該接受檢驗任務，檢驗完畢，再向上級報告。

凡是應該延請鄰縣官員檢驗屍體的，被延請的官員到別縣去了，或遠在百里之外，或在病假中——有病仍照常辦公的不算，又沒有別的官員可以派出，接到通

者，受牒縣當日具事因，在假者具日時保明，申本州及提點刑獄司⑩，並報原牒官司，仍牒以次縣。

諸初、複檢屍格目，提點刑獄司依式印造。每副初、複各三紙，以《千字文》⑪為號鑿定，給下州縣。遇檢驗，即以三紙先從州縣填訖，付被差官。候檢驗訖，從實填寫。一申州縣，一付被害之家，無，即繳回本司。一具日時字號入急遞，逕申本司點檢。遇有第三次後檢驗，準此。

諸因病死——謂非在囚禁及部送者，應驗屍。而同居緦

知的縣，應該當日寫明理由，告假的，寫明請假起訖日期，負責報告州主管官和提點刑獄司，並回復原行文單位，以便他們向別縣延請。

初驗和複驗的驗屍報告，由提點刑獄司按式印製。初驗、複驗都是一式三份，按《千字文》順序編號，蓋戳後發給所屬州縣。檢驗時先由州縣填好基本資料一式三份，交檢驗官員使用。檢驗後，再按實際情況填寫其他資料。一份上報州縣長官，一份給死者家屬，沒有家屬的，就繳回提點刑獄司。一份寫明發文日期、時間，編好文號，用急件報送提點刑獄司備查。遇有第三次以上檢驗，也比照辦理。

凡是出外因病死亡應檢驗的屍體——不包括在押、遞送的嫌犯，如果有和死者同居的五服以內的親屬，或

麻以上親，或異居大功⑫以上親至死所而願免者，聽。若僧道有法眷，童行有本師未死前在死所，而寺觀主首保明各無他故者，亦免。其僧道雖無法眷，但有主首或徒眾保明者，準此。

諸命官因病亡——謂非在禁及部送者，若經責口詞，或因卒病，而所居處有寺觀主首、或店戶及鄰居並地分合干人，保明無他故者，官司審察，聽免檢驗。

諸縣令、丞、簿雖應差出，須當留一員在縣。非時俱闕，州郡差官權⑬。

者分居的親近親屬請求免予檢驗的，可以照准。如果是和尚、道士，死的時候有家屬在跟前，或者徒弟死的時候，有師父在跟前，而且所在廟宇的主持又保證沒有其他不正常事故的，也可以免驗。和尚、道士死亡，雖然沒有家屬在場，但有廟宇主持或徒眾擔保的，也比照辦理免驗。

凡是朝廷任命的官員在客外患病死亡——除因犯案在押、遞送的兼犯外，如果已經取得了本人生前的口述，或者突然死亡，而所住的地方有廟宇主持或者店鋪、鄰居以及當地保甲長等關依人，擔保沒有不正常事故的，經主管官府審查批准，可以免驗。

各縣的縣官、縣丞、主簿等出差驗屍，應當留一人留守；如果不得已全都出差時，上級州郡應派官員暫時代理。

諸稱違制論者，不以失論。《刑統・制》⑭曰：「謂奉制有所施行而違者，徒二年；若非故違而失錯旨意者，杖一百。」

諸監臨主司，受財枉法，二十匹；無祿者，二十五匹，絞。若罪至流及不枉法，贓五十匹，配本城。

諸以毒物自服，或與人服而誣告人罪不至死者，配⑮千里。若服毒人已死，而知情誣告人者，並許人捕捉，賞錢五十貫。

諸緦麻以上親因病死輒以他故誣人者，依誣告法。謂言

凡是應該按違法失職辦罪的，不得按過失論處而寬免。《刑統・制》規定：「奉旨施行而違背的，處二年徒刑；如果不是故意違旨而是因錯解旨意犯錯的，打一百大板。」

負有監督職責或主管官員貪贓枉法，非法所得財物價值達二十匹絹的；沒有官職的人員貪贓枉法值二十五匹絹的，判處絞刑。如果罪該發配遠地充軍，以及不曾枉法而貪贓在五十匹絹以下的，發配本城服勞役。

凡是拿毒物自服或給別人服用，卻誣告他人下毒者，如果罪不致死，給予誣告者一千里充軍的刑罰。如果服毒人已經死亡，明知死因卻誣告別人的，允許一般人捕送法辦，捕捉者賞錢五十貫。

凡是五服以內的親屬因病死亡，卻捏造罪名誣陷他人的，按誣告法論罪。如明知死因，卻誣告是遭人打

毆死之類致官司信憑已經檢驗者，不以蔭⑯論，仍不在引⑰虛減等之例。即緦麻以上親自相誣告，及人力、女使病死，其親輒以他故誣告主家者，準此。尊長誣告卑幼，蔭贖減等自依本法。

諸有詐病及死傷受使檢驗不實者，各依所欺減一等。若實病死及傷不以實驗者，以故入人罪論。《刑統・議》曰：「上條⑱詐疾病者，杖一百；檢驗不實同詐妄，減一等杖九十。」

諸屍雖經驗而係妄指他屍告論，致官司信憑推鞠⑲，

死，以致官府準了他的狀，對屍體進行檢驗，就構成誣告罪，不能因為他享有赦封的特權而寬免，也不得因為它撤回誣告就減輕處罰。即使五服以內的親屬互相誣告，或男工、女婢病死，他們的親屬捏造罪名誣告東家，也都以誣告論處。長輩誣告小輩，如屬享有赦封特權而應予減輕處分的，還是當依本規定辦理。

凡是把非正常死亡偽裝為病死，以及把病死偽裝成打死的，如果檢驗官員因而從中接受買通、造成檢驗不確實的，按欺瞞、妄告的罪行減一等論處。如果死者確是患病死亡或受創，檢驗官員卻不按照實情檢驗上報，依故意陷害人論處。《刑統・議》規定：「向官府上條陳假裝病死的，打一百大板；檢驗不確實的減一等論處，打九十大板。」

屍體雖然經過檢驗，卻亂指證別的屍體以誣告他人，以致審判官誤信來進行審訊，使無辜的人遭受訟

依誣告法。即親屬至死所妄認者，杖八十。被誣人在禁致死者，加三等。若官司妄勘者，依「入人罪法」。

《刑統・疏》：「以他物毆人者，杖六十；見血為傷。非手足者其餘皆為他物，即兵不用刃，亦是。」

《申明刑統》⑳：「以靴鞋踢人傷，從官司驗定。堅硬即從他物；若不堅硬，即難作他物例。」

諸保辜㉑者，手足限十日，他物毆傷人者二十日；以刃及湯火三十日折日；折跌肢體及破骨者三十日。限內死

果，應按誣告論處。親屬到陳屍現場亂認屍體的，打八十大板。被誣告的人因而死在監牢裡的，誣告者應按誣告罪加三等論處，如果承辦官員自己盲目拘押審訊，造成冤情，按錯判無辜罪論處。

《刑統・疏》規定：「用器物打傷人的，打六十大板；見血的都算傷。除了拳打腳踢，其餘都算器傷。銳器如果不是用鋒刃的一面，如用刀背打人，也算器傷。」

《申明刑統》規定：「穿著靴鞋踢人致傷的，聽憑官司檢驗認定。如果是堅硬的靴鞋，就算器傷；不堅硬，就不算器傷。」

凡是打傷未死的，加害人必須負責的期限是：拳打腳踢傷限十天；器傷限二十天；銳器傷和湯火燙傷限三十天；打瞎眼睛、打斷四肢、打斷骨頭限三十天，受害人在限期內死亡的都按殺人罪處刑。咬傷人的按器傷

者，各依殺人論。諸蠹人者，依他物法。限內墮胎者，墮後別保三十日，仍通本毆傷限，不得過五十日。其在限外及雖在限內以他故死者，各依本毆傷法。他故，謂別增餘患而死。假毆人頭傷，風從頭瘡而入，因風致死之類，仍依殺人論。若不因頭瘡得風而死，是為他故，各依本毆傷法。

乾道六年，尚書省此狀：「州縣檢驗之官並差文官，如有闕官去處，複檢官方差右選。」

本所看詳：「檢驗之官自合依法差文臣。如邊遠小縣，

處理。孕婦傷後在保辜期限內流產的，流產後加保三十天，但是連同原來打傷的期限，合計不能超過五十天。凡是在保辜期限外死亡，以及雖然在限內，但卻是因其他原因死亡的，應該按毆鬥傷害罪處理；其他原因致死是指感染別的病症死亡的，如把別人的腦袋打破，被害人因此得了破傷風死亡，仍應按殺人論處；但假如破傷風不是被打傷的頭部，而是其他地方引起的，就只能算感染別的病症而死，則按毆鬥傷害罪處理。

宋孝宗乾道六年，尚書省書狀要求各州縣：「檢驗官都應派文官充任。如果派不出文官，複驗官才許派武官擔任。」

經細究後我建議：「檢驗官應依法派文官。至於邊遠小縣，確實缺文官，複驗官可臨時派識字的武官權

委的闕文臣處，複檢官權差識字武臣。今聲說照用。」

嘉定十六年二月十八日敕：「臣僚奏：『檢驗不定要害致命之因，法至嚴矣；而檢驗失實，則為覺舉，遂以苟免。欲望睿旨下刑部看詳，頒示遵用。刑寺長貳詳議，檢驗不當，覺舉自有見行條法，今檢驗不實，則乃為覺舉，遂以苟免。今看詳，命官檢驗不實或失當，不許用覺舉原免。餘並依舊法施行。奉聖旨依。』」

充。特此通知各地遵照執行。」

嘉定十六年二月十八日敕書：「根據臣僚討論結果奏上：『檢驗工作中不予鑑定要害致命原因的，要受嚴厲的處分；檢驗不符合事實的，卻可以因為自己坦白而寬免，此不甚合理，希望皇上命令刑部研究，做出合理規定，以便遵行。經刑部、大理寺長官研究後，認為檢驗不當的，原有坦白免究的規定，而檢驗不符合事實的，也套用這個規定是不對的。現議定凡是朝廷任命的官員，在檢驗工作中有檢驗不合事實或者失誤的地方，都不許因坦白而免予處分。其餘仍按原規定執行。本修訂業經皇帝核准公告。』」

①非理指不合乎常理。
②違反制度，此指違法。
③牒原指簡札，此指公文書通知。
④闕即缺。
⑤公人指舊時衙門裡的差役。
⑥緦麻為喪禮五服中最輕的，此指人倫親戚關係中較疏遠的。
⑦部送指押送。
⑧口詞即口供。
⑨瘞即土埋。
⑩掌司法、刑獄部門，宋朝始置。
⑪南朝梁武帝時期刻印問世，無一字重複，被公認為世界使用時間最長、影響最大的兒童啓蒙識字課本。
⑫大功為古代喪服五服中居中者，此指五服以內較親的親人。
⑬權指權宜、權當。
⑭即《宋建隆重詳定刑統》，是宋朝主要憲制法典。
⑮配即發配。
⑯蔭，庇蔭，此指子孫所獲得的世襲敕封。
⑰引指拉、抽，在此指撤回提告、狀紙。
⑱條指條陳、條奏。
⑲鞫指審問推理。
⑳宋朝曾對《刑統》做過修正，計九十二條，名曰《申明刑統》。
㉑古代法律規定，傷害罪，官府應視傷勢立下期限，要求加害人為被害人治療。如果被害人在期限內因傷致死，加害人以死罪論；不死，以傷人論。

醫辨

這讓筆者想起擔任住院醫師連值三十六小時班的日子，那是段夜以繼日行屍走肉的回憶。罪犯就像病情一樣，善於蟄伏偽裝，如果承辦人員怠忽，很容易便在第一時間錯失先機或遺漏線索。診病要及早發現及早治療，如同法醫相驗，越早介入就越能得到準確及豐富的資訊。

醫界開立死亡診斷書，醫師必須正確登載死亡時間及病因。其中病因須區分直接死因及額外載列兩項間接死因。宋慈所言，因外傷出血感染致死者，到底如何界定與何外力相關？宋慈用多年的臨床經驗訂下此死亡關聯時間點（deadline），算是經驗歸納，以當時技術來說已是難能可貴。現今鑑識學發達，判斷致死時間點（死亡時間）已經大幅縮短，這中間運用了生命徵象變化（vital sign）、失血量（blood loss）、檢驗數據（Lab data）、細菌培養（culture）、病理切片（pathology）、放射影像學（radiology）等來推論，結果更為精確。

二、檢複總說（上）

【原文】

凡驗官，多是差廳子①、虞候②，或以親隨作公人、家人各目前去。追集鄰人保伍，呼為先牌，打路排保，打草踏路，先馳看屍之類，皆是搔擾鄉眾，此害最深，切須戒忌。

凡檢驗，承牒之後不可接見在近官員、秀才、術人、僧道，以防奸欺及招詞訴。仍未得鑿定日時於牒，前到地頭約度程限，方可書鑿，庶免稽遲。仍約束行吏等人不得少離

【譯文】

一般主管官員多不重視驗屍，頂多派些副官、軍校之類的公差去代勞，或者叫跟班的率領一些差役、隨從前去。他們到了就擺起官架子，把鄰舍、保甲長等統統捉來，叫他們當先鋒，還亂闖陳屍現場。這樣擾民，對地方的傷害很大。檢驗官員應該改正這種惡劣作風。

凡是官員接受檢驗任務之後，不應當接見附近的官紳、秀才、術士、和尚、道士等，以免被他們設局欺騙，並招致當事人的申訴。如果通知檢驗的公文沒有寫出時間，接受任務後，就要根據當地到屍體現場路程的遠近寫清楚，這是為了避免案情有所耽誤。出發檢驗前還要約束隨行差役和檢驗人員，不得擅自離開檢驗官，

官員，恐有乞覓。遇夜，行吏須要勒令供狀，方可止宿。凡承牒檢驗，須要行兇人隨行，差土著、有家累田產、無過犯節級、教頭、部押公人看管。如到地頭，勒令行兇人當面對屍仔細檢喝，勒行人公吏對眾鄰保當面供狀，不可下司，恐有過度走弄之弊。如未獲行兇人，以鄰保為眾證。所有屍帳，初複官不可漏露，仍須是躬親詣屍首地頭，監行人檢喝，免致出脫重傷處。

凡檢官，遇夜宿處，須問其家是與不是兇身血屬親戚，方可安歇，以別嫌疑。

以防他們接受賄賂或去恐嚇人。住宿時，對他們的行止也要加以控制和監督。凡是出發檢驗的時候，要帶著兇手同去，再派有家眷田產、沒不良素行的本地捕頭、差役看管好。到了陳屍現場，把兇手帶到屍前，命令檢驗人員、差役當著眾鄰居、保甲的面仔細檢驗，唱報檢驗結果。絕對不能全權讓差役們去做，以免他們從中動手腳。如果兇手還未捕獲，就以眾鄰居、保甲為驗屍的見證人。有關屍體損傷細節，不管是初驗還是複驗，都不得洩漏。檢驗官員一定要親到陳屍現場，監督檢驗人員依法檢驗唱報，以免他們以重傷報輕傷，替兇手開脫。

檢驗官夜間在外住宿，一定要調查清楚所住的人家是不是嫌犯家屬或親戚才能放心住下。沒有這種關係的人家才可以住下，以避嫌疑。

凡血屬入狀乞免檢，多是暗受兇身買和，套合公吏入狀，檢官切不可信憑便與備申，或與繳回格目。雖得州縣判下，明有公文照應，猶須審處。恐異時親屬爭錢不平，必致生詞，或致發覺，自亦例被汙穢難明。

凡行兇器仗，索之少緩，則奸囚之家藏匿移易，妝成疑獄可以免死，干係甚重。初受差委，先當急急收索。若早出官，又可參照痕傷大小、闊狹，定驗無差。

凡到檢所，未要自向前。且於上風處坐定，略喚死人骨

凡是死者家屬申請免予檢驗的，多數是受了兇手暗地收買和解，串通了差役後才遞來狀子。遇到這種情況，檢驗官決不能輕易相信，還替他向上申報，或者把空白驗屍報告繳回去。即使負責辦理這一案件的州、縣主管官員批准了免驗的申請，並且下達公文，檢驗官員也要慎重，該驗的還是要驗，防止將來死者親屬分錢不均，發生爭執，或者勾結兇手的醜事被發現了，檢驗官員也脫不了關係，牽連進去。

大凡殺人兇器如果不及時追繳，那些奸刁的行兇人家，就會把它隱藏起來，或者轉移、調包，再裝成疑案，企圖逃避死罪，案件就更加複雜難辦了。所以一開始受理報案，就必須趕緊把兇器早點搜索出來。早一點起出兇器，還能比對創傷的大小、闊狹，確定檢驗結果是否有錯。

到了屍體現場，檢驗官員不要馬上去看屍體，可先在上風的地方坐好，把死者家屬、地段管主——湖南有

屬或地主——湖南有地主，他處無，競主，審問事因了，點數干係人及鄰保，應是合於檢狀著字人。齊足，先令扎下硬四至③，始同人吏向前看驗。

若是自縊，切要看吊處及項上痕，更看繫處塵土曾與不曾移動，及吊處高下、原踏甚處、是甚物上得去繫處。更看垂下長短，項下繩帶大小對痕闊狹，細看是活套頭、死套頭，有單掛十字繫、有纏繞繫，各要看詳。

若是臨高撲死，要看失腳處土痕蹤跡、高下。

若是落水淹④死，亦要

這種地段管主，別處沒有，以及與死者生前發生爭執的當事人叫來，簡單問一下事件的起因和經過，把檢驗文書裡規定需要拘傳的案件關係人和鄰里、保甲點齊，量好陳屍現場的四面地界，再率同檢驗人員、差役等前去驗看屍體。

如果是上吊死的，一定要看吊在什麼物體上和頸項上的索痕，還要查看到所繫物體上面的灰塵有沒有被移動過？看所繫物體的位置高低如何？死者原來踩在什麼地方？是用什麼東西墊腳繫上去的？還要看索套垂下多長，套在頸項上面的繩索粗細如何，和索痕的闊狹能不能對起來？仔細查看索套是可以滑動的還是不能滑動的；繫索是單打個十字扣的，還是纏繞幾道的，這些都要仔細查看。

如果是從高處跌下來死的，要查看失足的地方的泥土痕跡是否符合，以及跌落處高度多少。

如果是落水淹死的，也要查看失足地方的泥土痕跡

看失腳處土痕、高下及量水淺深。

其餘殺傷、病患諸般非理死人，紮四至了，但令扛明淨處，且未用湯水酒醋，先於檢一遍。仔細看腦後、頂心、頭髮內，恐有火燒釘子釘入骨內，其血不出，亦不見痕損。更切點檢眼睛、口、齒、舌、鼻、大小便二處，防有他物。然後用溫水洗了，先使酒醋蘸紙，搭頭面上、胸脅、兩乳、臍腹、兩肋間，更用衣被蓋罨⑤了，澆上酒醋，用薦席罨一時久方檢。不得信令行人只將酒醋潑過；痕損不出也。

及高度，還要量測水的深淺。

其餘被打、被殺以及各種非正常死亡的屍體，把陳屍現場四面接界處記清楚後，再抬到乾淨明亮的地方檢驗。檢驗的時候不要馬上用熱湯、酒醋洗屍，應該先就原樣驗看一遍，仔細查看後腦袋、頭頂心、髮叢裡，有沒有被用燒過的鐵釘釘進頭骨，這類創傷不見血，不細看，是看不出來的。還要仔細檢查眼睛、口腔、舌頭、鼻孔、肛門、陰道等處，看有沒有塞進什麼東西。然後再用溫水擦洗屍體後，用紙沾酒醋，貼在屍體的頭面、胸脅、兩乳、臍腹、兩肋等要害部位，用衣服等把屍體蓋好，澆上酒醋，用草蓆緊蓋一個時辰再檢驗。不能聽憑檢驗人員用酒醋澆潑一下就算完事；這是因為不等待長一點的時間，傷痕無法顯現。

① 舊時官廳的差役。
② 宋朝官府僱用的隨從。
③ 四至即四面地界。
④ 渰通淹。
⑤ 罨指掩蓋。

醫辨

1. 懸吊（hanging）與絞勒（strangulation）的不同①，必須經由頸部外觀及內部結構的破壞程度來區分——懸吊自殺者受力區在喉結以上常見C 2頸椎移位斷裂、下頦血管塌陷，但氣管及舌骨反而較為完整，此間還可細分為完全懸吊（全身體重）及不完全懸吊（部分體重）；而絞勒他殺大多受力區域在喉結氣管、甲狀軟骨（thyroid cartilage）、頸部肌肉（infrahyoid muscle）、大血管（carotid artery/jugular vein），故此區結構破壞較嚴重且受力要大於33lbs才能致死，尤其被手掐（throttle）者，舌骨骨折佔多數。這些觀察點，古今中外皆獲得類似的結論，要從這裡說宋慈的觀察影響到歐美的驗傷SOP也不為過。現今除了直接解剖，還能先用電腦斷層掃描（CT scan）呢！另外判斷屍體是上吊還是被謀殺後懸屍的重要依據，是前者解下時喉頭會嘆氣，這口氣應是上吊時被滯留在喉室的空氣被屍體壓出的關係。

① Fracture of Hyoid Bone in Cases of Asphyxial Deaths Resulting from Constricting Force RoundThe neck.*JIAFM*, 2005; 27(3).

2. 酒醋有輕微擴張血管作用，鈍器內傷多有血管破裂，撒上酒醋，較能讓傷痕顯現，可以藉此可查驗屍體有無潛在性淤傷。現今刑事鑑識則是利用紫外燈尋找。因為傷處有瘀血，會吸收紫外線，形成黑影，與無黑影的皮膚形成強烈對比。

3. 當醫療人員在急診檢傷時，如遇重大外傷病患，都需退去全身衣物仔細檢診，尤其是軀幹背側及腦後、腋下胯下、會陰、七孔內等隱蔽部位，肉眼檢查最容易疏忽，也最是檢查的重點細節。

三、檢複總說（下）

【原文】

凡檢驗不可信憑行人，須令將酒醋洗淨，仔細檢視。如燒死口內有灰；溺死腹脹，內有水；以衣物或濕紙搭口鼻上死，即腹乾脹；若被人勒死，項下繩索交過，手指甲或抓損；若自縊，即腦後分八字，索子不交，繩在喉下舌出，喉上舌不出，切在詳細，自餘傷損致命，即無可疑。如有疑慮，即且捉賊。捉賊不獲，猶是公過，若被人打殺，卻作病

【譯文】

大凡檢驗的時候，不能依賴檢驗人員自作主張，應該要他們用酒醋把屍體擦乾淨，再仔細檢看。如燒死的口腔裡會有煙灰；淹死的肚皮膨脹，身體裡有水；用衣服或浸濕的紙等物捂在嘴巴、鼻孔上悶死的，肚皮也會脹大，但沒有水；如果被人勒死的，頸項上必有繩索交叉勒過的印痕，還有手指甲印或抓破傷痕；如果是上吊自殺的，頸後索痕像「八」字形，不交叉在一起；繩索如套在喉結下面，舌頭會伸出來，如套在喉結上面，就舌頭不會伸出來。這些特徵一定要看清楚，驗仔細。如果真是自殺，就不要隨便懷疑他人。若發現有被殺嫌疑，就立即抓拿兇手。兇手抓不到，不過是工作上的缺點；如果死者是被殺，卻驗作病死，以後真抓到兇手，

死，後如獲賊，不免深譴。

凡檢驗文字不得作「皮破血出」。大凡皮破即血出。當云「皮微損，有血出」。

凡定致命痕，雖小當微廣其分寸，定致命痕。內骨折，即聲說。骨不折，不須言骨不折，卻重害也。或行兇器杖未到，不可分毫增減，恐他日索到異同。

凡傷處多，只指定一痕係要害致命。

凡聚眾打人最難定致命痕。如死人身上有兩痕，皆可致命，此兩痕若是一人下手則無害；若是兩人，則一人償

這種錯誤就難免受到嚴厲的處分。

驗屍報告上不能寫「皮破血出」，因為一般情況下，皮破必然血出。所以，要寫的確切一點，像「皮微損，有血出」。

經過檢驗，確實是致命傷痕，就算是小小一塊，也應當把它的大小仔細測量好，定作致命傷。內部骨頭折斷，要講清楚；骨頭沒斷，就不要講骨未斷，以免記錄者誤以為有兩處傷害。如果殺人兇器沒有找到，檢驗出來的傷痕尺寸就不能有絲毫差錯，防止日後找到的兇器和傷痕對不起來。

屍體上如果有許多處傷痕，就只能指定一處是致命傷痕。

打群架打死人，最難判斷哪一處是致命傷。如果死人身上有二個致命傷，都由一人所造成，那當然不成問題；但如果是兩個人打的，就只能判一個償命，一個不償命。這就要在這兩處傷痕裡，加以比較，選定最嚴重

命，一人不償命。須是兩痕內，斟酌得最重者為致命。

凡官守戒訪外事①，惟檢驗一事，若有大段疑難，須更廣布耳目以合之，庶幾無誤。如鬥毆限內身死。痕損不明，若有病色，曾使醫人、師巫救治之類，即多因病患死。若不訪問，則不知也。雖廣布耳目，不可任一人，仍在善使之，不然，適足自誤。

凡行兇人不得受他通吐，一例收人解送。待他到縣通吐後，卻勾追。恐手腳下人，妄生事搔擾也。

凡初、複檢訖，血屬、

的一處為致命傷。

當官的應避免到社會上走動，但對於檢驗屍體，如果有非常難以解決的問題，就必須多方派人到處調查對證，力求不要弄錯。比如鬥毆案件，被害人如果不是馬上死亡，而是在保辜期限內死亡，致命傷痕又不明顯，如通過調查，證明死者生前確實害過較嚴重的病，並曾請過醫生，巫師等救治過，那就很可能是病死的。這種情況，如果不去訪查就不會知道。調查的時候要多派一些人，不要單靠一個人，偏信他取得的資訊。派人訪查這方法要好好運用，要不然就會出大亂子。

凡是捉拿兇手，不許就地審訊取供，應該一律解押到縣裡。等他到縣裡招供後，再依法捉拿關係人。這是為了防止差役們藉此敲詐勒索，騷擾百姓。

凡是初驗、複驗完畢，要叫死者家屬、鄉勇、鄰居耆正副、鄰人，並責狀看守屍首。切不可混同解官，徒使被擾。但解兇身、干證。若獄司要人，自會追呼。

凡檢複後，體②訪得行兇事因，不可見之公文者，面白長官，使知曲折，庶易勘鞫。

近年諸路憲司行下，每於初、複檢官內，就差一員兼體究。凡體究者，必須先喚集鄰保，反覆審問。如歸一，則合款供；或見聞參差，則令各供一款；或並責行兇人供吐大略，一並繳申本縣及憲司。縣獄憑此審勘，憲司憑此詳復。或小有差互，皆受重責。簿尉

連帶負責看守屍體。絕不能把這些人也解送到縣裡，使他們受到不必要的訟累。需要押解到縣的只是兇手和目擊的證人。如果審訊時需要詢問這些人，縣裡審判官自然會傳訊他們。

凡是檢驗以後，預審調查得到的行兇原因和經過，不能在公文上寫得太清楚，應當面報告審判長官，使其知道內容曲折，這有助於順利地進行審訊。

近來各省司法機關辦案，往往就從初驗和複驗的官員中派任一位兼任預審官。預審的時候，都要先把鄰舍，保甲長等喚來，反覆審問。如果他們供述的證詞一致，就合成一張供述；如果各人所見所聞不一樣，就讓他們各自供述；有的還責令兇手也供個案情大概，連同證人的供詞一道報送縣和省的審判衙門。之後，縣官就憑這些資料進行審問，省級的審判官就憑其批核。這些資料若稍微有點出入，底下人就要受到嚴重責罰。負責檢驗的主簿，縣衛之類的官員，並不限制他們使用刑

既無刑禁，鄰里多已驚奔。若憑吏卒開口，即是私意。須是多方體訪，務令參會歸一，切不可憑一二人口說，便以為信，及備三兩紙供狀，謂可塞責。況其中不識字者，多出吏人代書；其鄰證內或又與兇身是親故，及暗受買囑符合者，不可不察。

隨行人吏及合干人，多賣弄四鄰，先期縱其走避，只捉遠鄰或老人、婦人及未成丁人塞責。或不得已而用之，只可參互審問，終難憑以為實，全在斟酌。又有行兇人恐要切干證人，真供有所妨礙，故令藏

罰，鄉鄰怕受到牽累，嚇得東躲西跑。預審官員如果只信差役回報的一面之詞，必然得不到可靠的證詞。所以一定要親自從多方面進行訪查，把各種不同的供詞進行核對，去偽存真，作出正確的判斷。千萬不能以一兩個人說的話當根據，取得兩三張供詞，以為這樣便可以敷衍塞責。況且這些人當中很多並不識字，他們的供述多是吃公家飯的人代寫；證人裡頭有的是兇手親戚朋友，有的是受了兇手的收買請託，其中複雜的關係不可不察。

隨行差役、檢驗人員等常藉查案恐嚇鄉鄰，使得可能知情的鄰居都躲了起來，最後只捉來一些住得遠的或老人，婦女及未成年人應付上司訊問。如果不得已用這些人作證，那也只能互相參照訊問，無法從他們的證詞中取得實情，承辦官員自己得要好好想想。還有一些行兇的人，唯恐證人供出真實情況對自己不利，便故意叫他們躲起來，再指使和自己關係親密的人或長工、佃戶

匿，自以親密人或地客、佃客出官，合套誣證，不可不知。

頑囚多不伏，於格目內「兇身」下填寫姓名押字。公吏有所取受，反教令別撰名色，寫作「被誣」或「干連」之類，欲乘此走弄出入。近江西宋提刑重定格目，申之朝省，添入「被執人」一項，若慮實未定者，不得已與之就下書填，其確然是實者，須勒令僉押於正「行兇」字下，不可姑息詭隨。全在檢驗官自立定見。

等出面來作偽證，承辦官員不能不知道其間的利害。

頑劣的兇手很多不認罪伏法，他們不肯在驗屍報告的「行兇人」欄內簽字畫押。書吏們如收了賄賂，反教他們玩花樣，寫上「被人誣陷」或「無辜受牽連」等字，企圖逃脫罪責。最近江西宋提刑重新審定了驗屍報告，報准朝廷，增加了「被執人」一欄。如果兇手不能確定，不得已的情況下可暫將嫌犯姓名填入「被執人」欄，如果已經認定是真兇，必須勒令他在正欄——即「行兇人」欄內簽字畫押，切不可遷就姑息。檢驗官對此應該有堅定的立場。

① 此指為官者最忌到社會上走動，串連權貴士紳，結黨營私。
② 體指親自。

醫辨

呼吸正常者在掙扎時，遭人焚燒則煙灰碳粒易經由口鼻吸入、遭人淹溺則肺內胃中皆有水及其夾帶生物灌入。宋慈所謂：「繩在喉下舌出，喉上舌不出」，此乃迷走神經之上喉神經（superior laryngeal nerve）專司喉部感覺，走向平行喉結旁的肌肉，壓迫喉結、氣管、甲狀軟骨能誘發咳嗽反射及嘔吐反射（gag reflex）。又他殺勒痕為連續O字，自殺懸吊者為不連續的U字。

四、疑難雜說（上）

【原文】

凡驗屍，不過刀刃殺傷、與他物鬥打、拳手歐擊，或自縊，或勒殺，或投水，或被人溺殺，或病患，數者致命而已。然有勒殺類乎自縊；溺死類乎投水；鬥毆有在限內致命而實因病患身死；人力、女使因被捶撻在主家自害自縊之類。理有萬端，並為疑難。臨時審察，切勿輕易，差之毫釐，失之千里。

凡檢驗疑難屍首，如刃

【譯文】

大凡受檢驗的屍體，一般不外乎刀刃殺傷、器物打傷、拳腳毆傷，或者上吊自殺、被人勒死、被人壓入水中溺死、患病身死這幾種情況。但有些被勒死的很像上吊自殺；被人溺殺的和投水自殺又差不多；有的鬥毆受傷在保辜期限內死亡，但其實真實死因卻是由於患病；也有男工、女婢因受虐待，在主人家裡上吊自殺等。死亡的原因很多樣，容易混淆不清。因此現場檢驗的時候，千萬不能疏忽大意，只要檢驗時有絲毫馬虎，就會鑄成大錯。

凡是檢驗疑難屍體，如困是銳器刺傷，創傷透到另

物所傷，透過者須看內外瘡口，大處為行刃處，小處為透過處。如屍首爛，須看其原衣服，比傷著去處。

屍或覆臥，其右手有短刃物及竹頭之類，自喉至臍下者，恐是酒醉攧倒，自壓自傷。如近有登高處或泥，須看身上有無財物，有無損動處，恐因取物失腳自傷之類。

檢婦人無傷損處，須看陰門，恐自此入刀於腹內。離皮淺則臍上下微有血沁，深則無。多是單獨人、求食婦人。如男子，須看頂心，恐有平頭

一面，則必須檢查兩面傷口，大的一面是入口，小的一面是出口。如果屍體已經腐爛，那就要驗看死者原來穿的衣服有無相符的遭刺破的孔洞。

有些仆倒在地上的屍體，右手假使拿著短刀或竹籤之類尖銳的東西，在頸（喉）部到肚臍下這部分發現刺傷，恐怕是自己酒醉跌倒，自己壓到這些尖銳東西而受傷致死。如附近有登高處和或泥濘濕滑處，就要檢查死者身上有沒有錢財物件；如有的話，看有無損失短少。假如身邊財物尚在，就很可能是攀高拿東西，不慎失足跌死。

檢驗女屍，如果全身沒有傷痕，就要驗看陰道，因為可能是被人用銳器從陰道捅進去致死。如果創傷離肚皮近，肚臍上下就會有淡淡的血斑；如果創傷深，就沒有這種血斑。這種情況多發生在孤身住宿和求乞的婦女身上。如果是男屍，全身無傷痕，就要仔細檢查頭頂心，髮

釘；糞門，恐有硬物自此入。多是同行人，因丈夫年老，婦人年少之類也。

凡屍在身無痕損，唯面色有青黯，或一邊似腫，多是被人以物搭口鼻及罨捂殺；或是用手巾布袋之類絞殺，不見痕。更看頂上肉硬即是。切要者，手足有無繫縛痕；舌上恐有嚼破痕；大小便二處恐有踏腫痕。若無此類，方看口內有無涎唾？喉間腫與不腫？如有涎及腫，恐患纏喉風死，宜詳。

若究得行兇人當來有窺謀，事跡分明，又已招伏，方可檢出。若無影跡，即恐是酒

叢裡有沒有釘著平頭釘子；肛門裡有沒有被插進硬物。如果是這種死法，兇手多是和死者親近的人，像老夫少妻，老婆和姦夫同謀害命這一類的關係。

還有種屍體，渾身毫無損傷，只是面孔有些青紫，或者臉上一邊好像有些腫脹，這種情形，大多數是被人用東西捂住口、鼻悶死，或者是用手巾、布袋之類的東西勒死，所以痕跡不明顯。這類的謀殺需要再仔細驗看，如果頭頂上皮肉堅硬就可以斷定死因。更重要的還要注意這類謀殺的其他特徵，像是死者手腳沒有束縛的痕跡；舌頭可能有咬破的痕跡；肛門和外陰部可能有類似用腳踏腫的痕跡。如果都沒有以上特徵，就要再看嘴裡有沒有口水，喉嚨是否腫脹，如果有口水和腫脹，就很可能是罹患纏喉風死的，這些都要驗看詳細。

以上這種體表無傷痕的屍體，必須追查到兇手，證明確是事先預謀殺害，犯罪證據確鑿，本人又供認不諱的，才能定案。如果沒有謀殺跡象，就要考慮是不是酒

醉猝死。

多有人相鬥毆了，各自分散。散後，或有去近江河、池塘邊洗頭面上血，或取水吃，卻為方相打了尚困乏；或因醉相打後，頭旋落水淹死。落水時尚活，其屍腹肚膨脹，十指甲內有沙泥，兩手向前，驗得只是落水淹死。分明其屍上有毆擊痕損，更不可定作致命去處，但一一紮上驗狀，只定作落水致命最捷。緣打傷，雖在要害處，尚有辜限。在法雖在辜限內及限外以他故死者，各依本毆傷法——注他故謂別增餘患而死者。今既是落水身

醉後猝死。

常見有雙方鬥毆以後，各自散去。散去後，有的到附近江河、池塘旁洗頭面上的血汙，或者汲水來喝，卻因為剛剛打鬥，精疲力盡，或者酒醉打架後頭暈掉到水裡淹死的。這種情況，死者落水時還活著，死後屍體肚腹膨脹，時指甲裡有泥沙，兩手向前，檢驗只得了個落水身死的結果。雖然屍體上有毆打的傷痕，但不能定作致命痕，只能記載在驗屍報告上，認作落水致命。因為明顯的打傷，即使傷在要害處，也還有保辜期限。按法律規定，在期限內和期限外因其他原因死亡的，應按鬥毆傷害處理，不能按打死處理——其他原因指的是受傷後又患了其他病症而死的。上述落水身死是很明顯的，所屍體上雖然有毆打的傷痕，卻是其他原因致死，這個界定必須搞清楚。曾經有個檢驗官，看到死者頭上有傷痕，就定作因為打傷昏迷，不覺掉到水裡致死的判斷。這是把打傷錯定成致死的原因，被告當然一直翻供。還

死，則雖有痕傷，其實是以他故致死分明。曾有驗官為見頭上傷損，卻定作因打傷迷悶，不覺倒在水內。卻將打傷處作致命，致招罪人翻異不絕。更有相打散，乘高撲下卓①死亦然。但驗失腳處，高下撲損痕瘢，致命要害處，仍須根究曾見相打分散證佐人。

凡驗因爭鬥致死，雖二主分明，而屍上並無痕損，何以定要害致命處？此必是被傷人舊有宿患氣疾，或是未爭鬥以前，先曾飲酒至醉，至爭鬥時有所觸犯，致氣絕而死也。如此者，多是腎子或一個或兩

有就是打架散去後，一方走到高聳危險的地方，因頭暈失足跌死。應該驗看失腳地方的高低和泥土腳印，從高跌下的損傷痕跡，致命要害部位的受傷情況，才能作出死因判斷。這類案件，還要細細查明曾經看見雙方毆打後散去的見證人、旁證人才行。

凡是驗爭鬥致死的屍體，雖然明確認定出爭鬥的當事人是誰，但屍體上卻沒有傷痕，要怎樣判斷——致命傷的部位呢？這種情況，一定是被打傷的人原來就有氣厥等毛病，或者在打架前喝醉了酒，打架時恰好碰著老毛病發作，以致氣絕身死。如果真是這種情況，多半會有一個或兩個睪丸縮進小腹裡看不見，可以用衣服或棉絮等醮溫熱的醋水蓋在陰囊和小腹上，過一頓飯時間，

個縮上不見，須用溫醋湯蘸衣服或綿絮之類罨一飯久，令仵作、行人以手按小腹下，其腎子自下，即其驗也。然後仔細看要害致命處。

昔有甲乙同行，乙有隨身衣物，而甲欲謀取之，甲呼乙行路，至溪河，欲渡中流，甲執乙就水而死。是無痕也，何以驗之？先驗其屍瘦劣，大小十指甲各黑黯色，指甲及鼻孔內各有沙泥，胸前赤色，口唇青班，腹肚脹，此乃乙劣而為甲之所執於水，而致死也。當究甲之原情，須有贓證以觀此驗，萬無一失。

再叫檢驗人員用手從屍體小腹向下按，縮進的睾丸自然會墜下來，這就是這類有氣瘚的人因老毛病發作致死的明證。然後再仔細檢查是否沒其他要害致命部位後便無疑問。

從前有甲乙二人同行，乙身上有值錢的東西，甲想搶他，就為乙帶路，經過一條溪河，走到水深處時，甲就把乙按在水裡淹死。這種屍體上沒有傷痕，經過檢驗，發現乙身體很瘦弱，十個手指甲都呈烏黑色，指甲縫和鼻孔裡都有泥沙，胸膛發紅，嘴唇發青，肚皮膨脹，這就是乙體弱被甲強壓到水裡淹死的證據。這類的案件再查明甲謀財害命的經過，追出贓證，互相對照，就萬無一失了。

又有年老人，以手捂之而氣亦絕，是無痕而死也。

有一鄉民令外甥並鄰人子將鋤頭同開山種粟，經再宿不歸，及往觀焉，乃二人俱死在山。遂聞官。隨身衣服並在，牒官驗屍。驗官到地頭，見一屍在小茅舍外，後項骨斷，頭面各有刃傷痕；一屍在茅舍內，左項下、右腦後，各有刃傷痕。在外者，眾曰：「先被傷而死。」在內者，眾曰：「後自刃而死。」官司但以各有傷，別無財物，定兩相並殺。一驗官獨曰：「不然，若以情度情，作兩相並殺而死

還有些年老氣衰的人，被人用手捂住口鼻，也會氣絕身死，這種屍體也看不出傷痕。

有個農民叫他外甥與鄰居的兒子，扛了鋤頭同去開墾山地種小米，隔了兩夜卻還沒回家，農民就去山裡尋找，沒想到看到兩個人都死在山上。案子報到官府，死者隨身衣服都沒有短少，看起來不像是謀財害命。檢驗官員到現場，見一具屍首倒在小茅屋外面，頸椎骨被刀砍斷，頭上臉上都有銳器傷。另一具屍首躺在茅屋裡，脖子左邊、後腦右邊也有銳器傷。大家都認為：「屋外一個先受傷身死。」屋內那一個，大家都說：「是畏罪自殺。」一有個檢驗官認為兩個人都受了傷，加上沒有什麼財物損失，判定是相互鬥毆，兩敗俱傷而死。但另一個檢驗官卻持不同見解：「並不是這樣，若根據主觀想像，做這樣的結論可以。但茅屋裡的這具屍體後腦右邊的刀傷很可疑，哪有自殺卻用刀砍自己後腦袋的道理？這樣用手拿刀並不方便呀！」果然沒幾天，就抓到一個嫌犯，就是

可矣，其舍內者右腦後刃痕可疑，豈有自用刃於腦後者？手不便也！」不數日間，乃緝得一人，挾仇並殺兩人。縣案明，遂聞州，正極典。不然，二冤永無歸矣。大凡相並殺，餘痕無疑，即可為檢驗。貴在精專，不可失誤。

他因為要報私仇，殺了這兩個人。縣裡把這樁案子弄清楚了，報到州府，將兇手處了死刑。要不是有第二位細心的檢驗官，這兩個人沉冤難雪。對於互相拼鬥兩敗俱亡的案件，應該驗得各處創傷都沒有可以懷疑的地方，才能作結論。檢驗的工作最可貴的是觀察，不能主觀、粗心大意。

① 卓指敲擊，此指頭敲地或硬物而死。

醫辨

1. 鈍挫傷（blunt trauma）或穿刺傷（penetration trauma）在醫療上採用診斷性腹膜沖洗（diagnostic peritoneal lavage）、超音波（sonography）、電腦斷層（ＣＴ）作為檢查出血的依據。腹膜沖洗術以一公升無菌生理食鹽水注入腹膜腔後再抽出觀察紅血球是否大於十萬RBC/mm3。
2. 窒息（asphyxia）臨床症狀相當多，依其嚴重性可判斷窒息所佔致死比例。窒息的症狀包含：結膜下出血（subconjunctival hemorrhage）、皮膚頰黏膜出現瘀血點（petechiae）、鼻唇眼下眶手指發紺（cyanosis）、臉部水腫（edema）、臉部變蒼白（face discoloration）、流鼻血（epistaxis）、耳膜出血（hemotympanum），偶有血尿現象。
3. 一氧化碳（CO）和氰離子（CN-）所造成的窒息，臉部會呈現櫻桃粉紅色（cherry pink），尤其當氣體濃度大於三〇%saturation時。
4. 提睪肌反射（Cremasteric reflex）原是人體正常反射運動，同樣的反應也可經由觸摸大腿內側、溫度冷、害怕緊張等因素人為誘發。刺激可使脊神經（Ｌ１和Ｌ２組成的生殖股神經GFN以及髂腹股溝神經IIN的感覺神經）引起同側提睪肌（Cremasteric muscle）收縮，造成睪丸上提。

5. 砍傷案件，加害人握刀之虎口會有輕微撕裂傷。正手（掌心向上）下刀處多為垂直線或大於四十五度線，反手（掌心向下）下刀處多為水平線或小於三〇度線。

卷二

五、疑難雜說（下）

【原文】

有檢驗被殺屍在路旁，始疑盜者殺之，及點檢沿身衣物俱在，遍身鐮刀斲傷十餘處。檢官曰：「盜只欲人死取財，今物在傷多，非冤仇而何！」遂屏左右，呼其妻問曰：「汝夫自來與甚人有冤仇最深？」應曰：「夫自來與人無冤仇，只近日有某甲來做債，不得，

【譯文】

有人被殺死在路旁，檢驗官前往驗屍，起初以為被強盜所殺，經查點隨身衣服財物並沒有短少，只是全身被鐮刀砍傷十多處。檢驗官道：「強盜殺人的目的是為了劫取財物，現在東西都在，刀傷很多，不是仇殺是什麼！」於是斥退看熱鬧的人，將死者老婆叫上前來問道：「你丈夫向來與誰結怨最深？」死者老婆回答說：「我丈夫素來與人無仇，只是前幾天有某甲來借錢，不曾借到，曾說限定日期非要來拿錢，這也不是什麼深仇大恨。」檢驗官暗暗記下某甲的住址，打發好幾個差人

曾有克期①之言，然非冤仇深者。」檢官默識其居，遂多差人分頭告示：「側近居民各家所有鐮刀盡底將來，只今呈驗。如有隱藏，必是殺人賊，當行根勘。」俄而，居民齎②到鐮刀七八十張，令布列地上。時方盛暑，內鐮刀一張，蠅子飛集。檢官指此鐮刀問：「為誰者？」忽有一人承當，乃是做債克期之人。就擒訊問，猶不伏。檢官指刀令自看：「眾人鐮刀無蠅子，今汝殺人，血腥氣猶在，蠅子集聚，豈可隱耶？」左右環視者失聲歎服，而殺人者叩首服罪。

分頭公告：「附近居民要把家中所有鐮刀立即呈繳檢驗，如發現有隱藏不交的，必然是殺人兇手，一定徹查到底。」沒多久，居民繳上鐮刀七八十把，一起排列地上。當時是大熱天，飛來許多蒼蠅，全聚集在其中一把鐮刀上。檢驗官指著這把鐮刀問是誰的？馬上就有一個人承認是他的。這人就是向死者借錢不成，限期要錢的某甲。當下逮補審問，某甲還不承認。檢驗官就指著那把鐮刀讓他自己看：「別人鐮刀吸引不了蒼蠅，而今你殺了人，鐮刀上的血腥氣還在，蒼蠅才聚過來，你賴得掉嗎？」圍觀的百姓聽了官員的推理都非常佩服，這個殺人犯也只好磕頭服罪。

昔有深池中溺死人，經久，事屬大家因仇事發。體究官見皮肉盡無，惟髑髏骸骨尚在，累委官不肯驗，上司督責至數人，獨一官員承當。即行就地檢骨。先點檢見得其他並無痕跡。乃取髑髏淨洗，將淨熱湯瓶細細斟湯灌，從腦門穴入，看有無細泥沙屑自鼻孔竅中出，以此定是與不是生前溺水身死。蓋生前落水，則因鼻息取氣吸入沙土，死後則無。

廣右有兇徒謀死小童行，而奪其所齎。發覺，距行兇日已遠。囚已招伏：「打奪就推

從前有個在深池裡溺死人的案件，死者死了很久，事主是有錢有勢的人家，原來想瞞著不報官驗屍，後來被仇人告發。預審官見屍體都爛光了，只有一副骨頭還在。上級幾次派檢驗官，都沒有人肯接受這案子。一連督促了好幾個人，才有一個官員願意承辦。這個官員接受任務後，立即就地檢驗骸骨，先點驗一遍，沒有發現問題。於是就把骷髏頭洗乾淨，用小口瓶盛乾淨的熱水從腦門慢慢灌注，看有沒有細碎泥沙從鼻孔流出來，就憑這點斷定是不是生前投到水裡溺死的。因為凡是生前落水的，由於拼命吸氣，鼻孔裡必然會吸進泥沙，死後投到水裡的就沒有。

廣西有個兇手謀殺了一個小和尚，搶劫了他所攜帶的東西。被發現時離行兇日子已經很久。兇手招供，說是：「打劫後，把他推到水裡淹死。」捕盜官在下游

入水中。」尉司打撈已得屍於下流，肉已潰盡，僅留骸骨，不可辨驗，終未免疑其假合，未敢處斷。後因閱案卷，見初焉體究官繳到血屬所供，稱其弟原是龜胸而矮小。遂差官複檢，其胸果然，方敢定刑。

南方之民每有小小爭競，便自盡其命，而謀賴人者多矣。先以櫸樹皮罨成痕損，死後如他物所傷。何以驗之？但看其痕裡面須深黑色，四邊青赤。散成一痕，而無虛腫者，即是生前以櫸樹皮罨成也。蓋人生即血脈流行，與櫸相扶而成痕。若以手按著，痕損處虛

撈著一具這樣的屍體，可是皮肉爛完了，只剩下一副骨頭，無法辨認面貌和致死原因。雖然和兇手口供對得起來，但承審官員擔心是巧合，終究不敢判決。後來因為在案卷裡找到初驗、預審官取得死者兄長的供述，說他弟弟生來是龜胸，身材又很矮小。於是再派官複檢，查得骨骸果然是龜胸，才敢給兇手判刑。

南方老百姓常常會因為一些小爭執而自殺，再藉此誣賴對方。誣賴的辦法是先把櫸樹皮搗爛，敷在皮膚上裝成傷痕，然後自殺，死後敷樹皮的地方就很像器傷的樣子。這要怎麼鑑別呢？只要查看傷痕裡面是深黑色，四邊青紅色，形成一塊痕跡，沒有浮腫，這就是生前用櫸樹放皮膚形成的假傷痕。因為活人血脈流通，由於櫸樹皮的作用，會形成一定痕跡。如果用手按捺，傷損處有明顯的浮腫，就不是櫸樹皮敷的。如果是死後用櫸樹皮敷出來的痕跡，四邊就沒有散淡的青紅色，只呈現淡

腫，即非櫸皮所罨也。若死後以櫸皮罨者，即苦無散遠青赤色，只微有黑色，而按之不緊硬者，其痕乃死後罨之也。蓋人死後血脈不行，致櫸不能施其效。更在審詳原情，屍首痕損那邊長短，能合他物大小，臨時裁之，必無疏誤。

凡有死屍肥壯無痕損，不黃瘦，不得作病患死；又有屍首無痕損，只是黃瘦，亦不得據所見只作病患死檢了，切須仔細驗定因何致死。唯此等檢驗最誤人也。

凡疑難檢驗，及兩爭之家稍有事力③，須選慣熟仵作

黑色，用手按捺也不覺得堅硬，這就是死後用櫸樹皮敷出來的傷痕。這是因為人死以後，血液循環停止，櫸樹皮就起不了作用了。這類案件，更重要的還靠深入調查清楚致死原因，驗清楚屍體傷痕的大小，和所用來行兇的鈍器的大小相不相符，全面審查分析，就不致把案子搞砸。

大凡檢驗工作中，遇到肥壯屍體，沒有損傷，又不黃瘦，不能隨便認作病死；假使屍體沒有損傷，只是黃瘦，也不能僅僅根據眼睛看到的就認作病死，一定要仔細驗出到底怎麼死的。唯有檢驗這類屍體，最容易發生差錯。

大凡檢驗疑難案件，特別是原、被告裡有些錢財勢力的，一定要挑選熟練的檢驗人員和奉公守法的親信

人、有行止畏謹守分貼司，並隨馬行，飲食水火，令人監之，少休以待其來。不知是，則私請行矣。假使驗得甚實，吏或受賂，其事亦變。官吏獲罪猶庶幾，變動事情，枉致人命，事實重焉。

應檢驗死人，諸處傷損並無，不是病狀，難為定驗者，先須勒下骨肉次第等人狀訖，然後剃除死人髮髻，恐生前彼人將刃物釘入囟門或腦中殺害性命。

被殘害死者，須檢齒、舌、耳、鼻內，或手足指甲中，有簽制算害之類。

公差，讓他們緊跟著長官一同前往，沿路飲食和大小便等，都要派人監視，等候他們辦完再同行。如果不這樣做，就可能有人趁機暗地收買他們。即使檢驗出真實死因，也會因差役收受賄賂而出狀況。出了事，承辦官員受處分還在其次，把案情弄擰了，冤屈了人命，這才嚴重。

受檢驗的屍體，既驗不出傷損，又肯定不是病死，難以下結論的，先讓死者親屬等寫下切結，保證不生異議；然後剃掉死者頭髮，仔細驗看生前有沒有被人用尖銳的東西釘進囟門或頭頂心等處殺害送命。

對於被用殘酷手段殺害的屍體，還應驗看牙齒、舌頭、耳朵、鼻孔以及手指甲、腳指甲裡有沒有被用竹籤等刺傷致命。

凡檢驗屍首，指定作被打後服毒身死，及被打後自縊身死，被打後投水身死之類，最須見得親切，方可如此申上。世間多有打死人後，以藥灌入口中，誣以自服毒藥；亦有死後用繩吊起，假作生前自縊者；亦有死後推在水中，假作自投水者。一或差互，利害不小。今須仔細點檢，死人在身痕傷，如果不是要害致命去處，其自縊、投水及自服毒，皆有可憑實跡，方可保明。

檢驗屍體，對於認作被打後服毒身死，被打後自縊身死及被打後投水身死之類的案件，最要緊的是把這些死因特徵查驗清楚再上報。因為社會上常常有打死人後把毒藥灌進嘴巴，假裝成是死者自己服毒的；也有打死人後用繩索吊起來，假裝成是生前上吊自殺的；也有打死後拋到水裡，假裝死者是投水自殺的。這類案件，關鍵處出了問題，干係不小。所以一定要仔細檢驗死者身上的傷痕，如果傷痕不在要害致命部位，而要定為被打後上吊、投水或服毒自殺之類，都必須要有更可靠的證據，才可依此上報。

①克期即克日，約定時間。
②齎，送到。
③事力即勢力、背景。

醫辨

1. 人體頭骨的顱底有許多孔洞（skull base foramen），提供十二對腦神經及血管通過，直達七孔感官受器。當屍體腐爛後，腦膜及大腦等軟組織皆已腐化，此時從囟門（Fontanelle）灌水時，熱水即可經由顱底孔洞經嗅孔（cribriform plate of olfactory foramen）向下流出，帶出鼻腔內的泥沙石。
2. 北宋桂萬榮《棠陰比事》裡也曾記載過判別真假傷痕的故事：話說某地二人互告毆打，身上皆有青紅的傷痕。李南公以手指按捏感受兩人傷痕後言：「甲是真傷，乙是假傷。」經與鄉里證詞驗證後相符。蓋因櫸樹葉搗碎後，汁液塗抹皮膚上，能造成青紅斑，猶似毆打痕。而櫸樹皮也有類似效果，剝皮搗碎或火烤放在皮膚上，痕跡如棒打，還不易清洗。但染色畢竟與皮下出血（subcutaneous hematoma）不同。皮下出血是因為組織中的微血管或表淺靜脈破裂，血液在皮下組織中蓄積，伴隨白血球發炎細胞聚集，使其局部腫脹隆起且質地較硬；假傷則軟。皮下出血的面積大小，輕重程度與致傷物的大小、輕重、兇器種類以及體質等有關。

醫學小知識

櫸樹為中國闊葉五木之首，華南居多，樹皮性清熱利水。主治感冒、頭痛、水腫、妊娠腹痛、腸胃實熱，痢疾、小兒血痢、急性結膜炎。櫸樹為喬木，別名櫸木、櫸榆、雞油、光葉櫸、椎油、台灣鐵，高達二〇—三〇米。葉橢圓狀，長二—八公分，邊緣有波浪狀鋸齒。秋、冬落葉前葉子轉紅、黃，是優美的庭園樹和行道樹。樹木材質堅硬又不易裂，櫸木木材鮮紅赭色，質粗而硬重，刨削及其他加工容易，為建築的上等材料，是非常優良而受歡迎的木材。（參考資料：http://0rz.tw/8HYGA; http://0rz.tw/CpN4K。）

六、初檢

【原文】

告狀切不可信，須是詳細檢驗，務要從實。

有可任公吏，使之察訪，或有非理等說，且聽來報，自更裁度。

戒左右人，不得鹵莽。

初檢，不得稱屍首壞爛，不任檢驗，並須指定要害致死之因。

凡初檢時，如體問得是爭鬥分明，雖經多日，亦不得定作「無憑檢驗」，招上司問

【譯文】

百姓的告狀切不可相信，必須經過詳細檢驗，務要根據事實。

有可信任的吏役人員，令其進行訪察，或許可以蒐集到死者橫死的說法，且聽他回來彙報，自己再作裁奪。

要告戒左右手下人，不可魯莽行事。

初檢，不得稱屍首壞爛，不堪檢驗，並且要指定出要害所在和致死原因。

凡是初檢時，如果已調查到是因為爭鬥而死，雖然離死亡之日經過多日了，也不可定作「無憑檢驗」，導致上級的責備非難。必須仔細驗定損傷致命的去處。如

難。須仔細定當痕損致命去處。若委是經日久變動，方稱屍首不任擺撥。

初檢屍有無傷損訖，就驗處襯簟屍首在物上，復以物蓋。候畢，周圍用灰印，記有若干枚，交與守屍弓手、耆正副、鄰人看守，責狀附案，交與複檢。免至被人殘害傷損屍首也。若是疑難檢驗，仍不得遠去，防複檢異同。

果確實是經隔日久，屍體腐敗了，才能說屍體不堪擺弄撥動檢驗。

初檢屍體有無傷損後，就在檢驗處將屍體用東西襯墊著，再用東西覆蓋起來。等墊蓋好了，在四周圍打上石灰印，記下有若干枚，然後交給弓手、耆長、保正副、鄰人等看守，立下責任狀附在卷宗後，交與覆驗官。以免被人殘害傷損了屍體。如果是疑難的檢驗，仍不得離屍體去他處求證，以防複驗出現前後不一致的情況。

七、複檢

【原文】

與前檢無異，方可保明具申。萬一致命處不明，痕損不同，如以藥死作病死之類，不可概舉。前檢受弊，複檢者烏可不究心察之？恐有連累矣。

檢得與前驗些小不同，遷就改正。果有大段違戾①，不可依隨。更再三審問干係等人，如眾稱可變，方據檢得異同事理供申；不可據己見，便變易。

【譯文】

複檢的結果與初驗的相同，才可以作出結論上報。假使初驗時把致命傷處弄錯了，損傷情況對不上，比如把毒死定作病死，類似情況，不勝枚舉。初驗出了毛病，複檢豈能再不用心審究？再要馬虎，怕和初驗者一樣要受到懲處。

複檢所得的情況如果和初驗的只有很小的出入，就可以遷就同意初驗結果；如果有很大出入，就不能隨便。所以必須反覆審問案件關係人，如大家認為初驗和實情不符，才能根據複檢結果，把和初驗有哪些相同和不同的地方上報。不能單憑一己之見，把初驗的結論給隨便改掉。

複檢，如屍經多日，頭面胖脹，皮髮脫落，唇口翻張，兩眼迭出，蛆蟲咂食，委實壞爛，不通措手，若係刃傷、他物、拳手足踢痕虛處，方可作「無憑複檢」狀申。如是他物及刃傷骨損，宜沖洗仔細驗之，即須於狀內聲說致命，豈可作「無憑檢驗」申上？

複檢官驗訖，如無爭論，方可給屍與親屬。無親屬者，責付本都埋瘞，勒令看守，不得火化及散落。如有爭論，未可給屍，且掘一坑，就所簟物，屍安頓坑內。上以門扇蓋，用土罨瘗作堆，周回用灰

複檢的時候，如果屍體放得太久了，面部膨脹，發出一股難聞的臭氣，皮膚，頭髮脫落，兩唇外翻，嘴巴張開，眼球凸出，渾身生滿蛆蟲，腐爛到實在不能下手檢驗，像這樣的情況，如果是用銳器、鈍器或拳打腳踢，傷在沒有骨頭的虛軟地方，方可作「無從複檢」上報。假如是銳器、鈍器傷及骨頭，就應該在用水沖洗後，仔細驗看，並在驗屍報告上說明致命傷在哪裡。怎能隨便用「無憑檢驗」上報了事？

檢驗官複檢完畢，如果當事人都沒有異議，才能把屍體交給親屬。沒有親人的，便交給轄地內鄉官負責掩埋，還要他們看好，不准用火葬和使屍體拆散失落的處理方式。如果當事人有爭論，就不能把屍體交給親屬，得先挖一個土坑，把屍體連墊著的竹席一起安放在土坑裡，上面用門板蓋著，再堆上泥土作成堆，周圍撒上石灰當封印，以備日後上司再派官員來檢驗之用，還應責令地保

印印記，防備後來官司再檢複，仍責看守狀附案。

等具狀負責看守，並將狀紙附在案卷後。

①違戾即違逆、違反。

醫辨

1. 出現在七孔、肢體的致命徵象，現代急診中常見經由針孔注射藥劑致死的案例。此時必須仔細檢測死者體內的藥物成分及劑量。
2. 現代網路有一流行用語叫「被自殺」，指死者遭人殺害後由加害人偽裝成自殺。按被害人受害後，加害人常設計劇本（服毒、上吊、投水、意外），刻意將死者偽裝成自殺樣態。若家屬深覺死者生性樂觀並無輕生念頭或自然病死的可能時，必須先假定他殺方向，地毯式收集死者身上及遺留現場的任何線索。

八、驗屍

【原文】

身上件數：正頭面、有無髻子、髮長若干、頂心、囟門、髮際、額、兩眉、兩眼或開或閉，如閉，擘開驗眼睛全與不全。鼻、兩鼻孔口或開或閉。齒、舌——如自縊，舌有無抵齒，胲喉、胸、兩乳——婦人兩奶膀，心、腹臍、小肚、玉莖、陰囊——次後捻兩腎子全與不全。婦人言產門，女子言陰門。兩腳、大腿、膝、兩腳臁肕、兩腳脛、兩腳

【譯文】

身上各處檢驗項目：正面檢驗要看頭有沒有梳髻子、髮長多少、頂心、囟門、髮際、額部、兩眉、兩眼是開著還是閉著，如果是閉著，應掰開檢驗眼珠是否完整。鼻子的兩個鼻孔、嘴巴是張開還是閉著、牙齒、舌頭——如果是上吊自殺，舌頭有沒有抵著牙齒、頸喉、兩乳——女人兩個乳房、胸口、肚、臍、小腹、陰莖、陰囊，用兩手捏摸兩睪丸是否完整。已婚婦女叫產門，未婚女子叫陰門。兩腳、大腿、膝蓋、兩小腿、兩腳腕、兩腳背、十腳趾連趾甲。

面、十指爪。

翻身：腦後、乘枕、項、兩胛、背脊、腰、兩臀瓣有無杖疤。穀道、後腿、兩曲脉、兩腿肚、兩腳跟、兩腳板。

左側：左項下、腦角、太陽穴、耳、面臉、頸、肩髆、肘、腕、臂、手、五指爪全與不全或拳或不拳。曲腋、脅肋、胯、外腿、外膝、外臁肕、腳踝。右側亦如之。四縫屍首須躬親看驗：頂心、囟門、兩額角、兩太陽、喉下、胸前、兩乳、兩脅肋、心、腹、腦後、乘枕、陰囊、穀道，並係要害致命之處。婦人

將屍身翻轉俯臥進行背面檢查：要看腦後、乘枕、項部、兩肩胛、背脊、腰、臀部兩側有沒有挨板子的創疤。肛門、後腿、兩膕窩、兩腿肚、兩腳跟、兩腳板。

左側要看：左頂下、腦角、太陽穴、耳朵、面龐、頸、肩膀、肘、腕、臂、手、五指連指甲是否完整或有沒有卷曲起來。腋窩、脅肋、胯、外腿、外膝、外小腿、腳踝。右側同樣檢驗。屍體的前後左右，檢驗官必須親自驗看：頂心、囟門、兩額角、兩太陽穴、頸喉、胸膛、兩乳、兩脅肋、心、腹、腦後、乘枕、陰囊、肛門，這些都是要害致命部位。女屍看陰門、兩乳房。其中如果發現有一處損傷在要害部位，即使不是致命傷，也要檢驗人員驗明唱報。

看陰門、兩奶膀。於內若一處有痕損在要害，或非致命，即令仵作指定喝起。

眾約死人年幾歲，臨時須仔細看顏貌供寫，或問血屬尤真。

凡檢屍，先令多燒蒼朮、皂角，方詣屍前，檢畢，約三五步，令人將醋潑炭火上，行從上過，其穢氣自然去矣。

多備蔥、椒、鹽、白梅，防其痕損不見處，藉以擁罨。仍帶一砂盆，並捶研上件物。

凡檢複須在專一，不可

訊問案件關係人，要他們說出死者的大約年歲。檢驗時，要仔細觀察死者容貌，或者訊問死者家屬，把死者年齡弄確實。

大凡檢驗屍體的時候，先要多燒些蒼朮、皂角薰煙，然後再靠近屍體。檢驗完畢後，在三五步遠的地方，叫人弄些木炭燒紅，用醋潑在炭火上，趁著煙氣蒸騰，參加檢驗的人從上面跨過，身上沾帶的臭氣就自然消失了。

檢驗的時候多準備一些蔥、川椒、食鹽、白梅等，以待發現不到傷痕時，用這些東西敷用，可以使傷痕顯現出來。並且還要隨身帶一個瓦盆和捶子、研子等，用來搗研以上藥物。

檢驗一定要全神貫注，不可怕髒怕臭。切不可讓檢

避臭惡。切不可令仵作、行人遮閉玉莖、產門之類，大有所誤。仍仔細驗頭髮內、穀道、產門內，慮有鐵釘或他物在內。

檢出致命要害處，方可押兩爭及知見親屬令見，切不可容令近前，恐損害體屍。

被傷處須仔細量長闊、深淺、小大，定致死之由。

仵作、行人受囑，多以芮——一作茜草投醋內，塗傷損處，痕皆不見。以甘草汁解之，則見。

人身本赤黑色，死後變動作青黷色。其痕未見，有可疑處，先將水灑濕，後將蔥白

驗人員用東西遮蓋男女外陰部等，這樣容易出狀況。要仔細檢驗頭髮叢和肛門、陰道，看有沒有釘入鐵釘或塞入其他東西。

把致命要害部位的傷痕檢驗出來以後，才可以押雙方當事人和在場的死者親屬來看屍體，但千萬不能讓這些人靠屍體太近，防止他們破壞屍體。

檢驗屍體上的損傷，要仔細量出長闊、深淺、大小分寸，定出是什麼原因致死。

檢驗人員受人收買，往往把芮草——一作茜草，放在醋裡，塗在有傷痕的地方，就會看不出傷痕，這時用甘草汁塗抹，就能看見。

人的肉身本為赤黑色，死後變動為青色。某部位未看見傷痕，但認為可疑，可先用水把皮膚灑濕，然後把蔥白打碎攤開，塗在可能有傷痕的地方，再用紙蘸醋蓋

拍碎令開，塗痕處，以醋蘸紙蓋上，候一時久除去，以水洗，其痕即見。

若屍上有數處青黑，將水滴放青黑處，是痕則硬，水住不流；不是痕處軟，滴水便流去。

驗屍並骨傷損處，痕跡未見，用糟醋潑罨屍首，於露天以新油絹或明油雨傘覆欲見處，迎日隔傘看，痕即見。若陰雨以熟炭隔照，此良法也。或更隱而難見，以白梅擣爛，攤在欲見處，再擁罨看。猶未全見，再以白梅取肉，加蔥、椒、鹽、糟一處研，拍作餅子，火上煨令極熱，烙損處，

上，大約過一個時辰拿掉，再用水洗乾淨，傷痕就會顯現出來。

如果屍體上有幾塊青黑的地方，可用水慢慢滴注。假如是傷痕，皮肉比較堅硬，水滴便停滯在那裡不流下來；假如不是傷痕，皮肉較鬆軟，水滴就會流掉。

檢驗屍傷和骨傷時，如果在可疑處看不見損傷，可以用糟醋洗敷屍體，把屍體抬到露天地方，用新油綢或明亮的雨傘，張蓋在需要驗看的部位，迎著陽光，隔著綢或傘觀看，就能看見傷痕。如果是陰雨天沒有陽光，用炭火隔著照，這也是個看傷痕的好辦法。如果還看不見傷痕，就把白梅搗爛，攤敷在需要驗看的地方，加以掩蓋後再看。還看不見，可以取白梅果肉，加上蔥、椒、鹽、酒糟，研磨到一塊兒，做成餅子，放在火上烤到極熱，再用一張紙襯在需要驗看的地方，把熱白梅餅放在上面熨烙，傷痕就會顯現出來。

下先用紙襯之，即見其損。

昔有二人鬥毆，俄頃一人仆地氣絕，見證分明。及驗，出屍乃無痕損。檢官甚撓①。時方寒，忽思得計，遂令掘一坑，深二尺餘，依屍長短，以柴燒熱得所，置屍坑內，以衣物覆之。良之，覺屍溫，出屍以酒醋潑紙貼，則致命痕傷遂出。

擁罨檢訖，仵作、行人喝四縫屍首謂：屍仰臥，自頭喝頂心、囟門全，額全，兩額角全，兩太陽全，兩眼、兩眉、兩耳、兩腮、兩肩並全，胸、心、臍、腹全，陰腎全，婦人

從前有兩個人打架，忽然其中一個倒地氣絕身死，這過程，在場的人都看得很清楚。可是檢驗的時候，卻看不出一點傷痕。檢驗官十分傷腦筋。當時氣候寒冷，檢驗官忽然想出一個主意，就令人挖一個土坑，深二尺多，長寬和屍體一樣，再用柴火把土坑燒熱，然後把屍體放進坑哩，用衣物覆蓋好，隔好久，等屍體溫暖了，再抬出來，用蘸了酒醋的紙貼在屍身上，致命傷痕便顯現了。

按照敷蓋藥物現痕的做法，把致命傷痕檢驗清楚以後，檢驗人員還要依序唱報屍體四面其他部位沒有損傷的情狀：先讓屍體仰面躺著，從頭唱報起頂心、囟門完整，額完整，兩額角完整，兩太陽穴完整，兩眼、兩眉、兩耳、兩腮、兩肩都完整，胸、心、臍、肚完整，陰莖和陰囊完整，已婚婦女說產門完整，未婚女子說陰

云產門全，女人云陰門全。兩髀、腰、膝、兩臁肕、兩腳面、十指爪並全。左手臂、肘、腕並指甲全，左肋並脅全。左腰胯及左腿腳並全。右亦如之。

翻轉屍，腦後、乘枕全，兩耳後髮際連項全，兩背胛連脊全，兩腰眼、兩臀並穀道全，兩腿、兩後脨、兩腿肚、兩腳跟、兩腳心並全。

門完整，兩股、兩腰、兩膝、兩小腿、兩腳背、十指手腳連指甲都完整。左邊手、臂、肘、腕和指甲完整，左肋連脅完整，左腰胯及左腿腳都完整。右邊也和左邊一樣報唱。

翻轉屍體，唱報腦後、乘枕完整，兩耳後、髮際連項完整，兩背胛連脊完整，兩腰眼、兩臀和肛門完整，兩腿、兩膕窩、兩小腿、兩腳跟、兩腳板心都完整。

① 撓指惱亂、煩擾。

醫辨

1. 人體內臟腔帶有許多細菌，死後開始從內臟分解蛋白質與軟組織，產生包含甲烷、硫化氫以及氨等高達四百多種氣體，組織本身也會開始發炎腫脹。
2. 古時鑑定骨傷不易且困難。現在醫學檢驗是否骨折，用X光判定骨折線或脫臼（fracture line or dislocation），要較古時輕鬆太多了。
3. 木炭具有除臭除濕的功能，利用水氣蒸騰，或許可以揚起碳灰，帶走鑑識官員身上的臭味（有機揮發物）。白炭可吸附酸性的物質，黑炭會吸附鹼性氨氣（NH4+）；屍體夾帶的有機氣體恰恰多是酸性的硫化氫和甲硫醇。
4. 糟醋或酒糟，又名醋粕、酒粕，是釀酒醋過程中所衍生的副產物，古代被視為無用的廢棄物，偶爾入菜，或做為動物飼料、肥料使用。酒糟含有大量氨基酸，還富含核黃素、硫胺素、生長素、膽鹼、核糖核酸、麥角胺毒素等。此外，也富含有活膚酵母精華（pitera生長因子）、維生素B群、乙醇，以及經發酵酸敗後形成多種游離酸（如醋酸、乳酸、酪酸）和有機醇（正丙醇、異丁醇、異戊醇）等。現今醫學美容萃取其中的pitera加入保養品與面膜中，促進肌膚新陳代謝，提升保水機能和強化肌膚活力。宋慈利用酒糟帶有弱酸或酒精成分，在加熱之後提煉出強酸或高濃度酒精，藉此洗滌屍體，順勢氧化外傷淤血處，使傷痕顯現，十分聰明！

5. 人死後平均半小時至四小時出現屍斑（Livor Mortis），屍斑一出現，就不容易辨認真正外傷。古時運用的鑑定方法，聰明的利用中草藥的「氧化還原反應」——先將可疑處用水把皮膚灑濕，再將蔥白搗碎敷在傷口上，然後用紙沾醋蓋上約一個時辰，用水洗淨，傷口則顯現；或是將白梅與蔥、川椒、食鹽和在一起搗碎，做成圓餅放在火上炙烤，再將圓餅在屍體上來回熨烙，復用紙貼在驗看處。蔥白等辛辣佐物，成分裡有使血管擴散充血的作用，可以藉此把受傷處放大，方便觀察。或者把屍體抬到露天地方，用綢子或雨傘，張蓋在需要驗看的部位，迎著陽光，隔著綢或傘觀看，這類似現代的紫外線檢查（血跡在紫外線照射下呈土棕色反應，利用紫外線進行檢查，可以鑑別有無血跡存在的可能）。

醫學小知識

外傷出血處有大量的血清鐵蛋白（ferritin）可催化雙氧水分解為氧氣和水。除了前文所言，今日常用以下方法檢驗血跡：

（1）聯苯胺試驗：取少量檢材放置在白濾紙上，加入冰醋酸、聯苯胺酒精飽和溶液、三%的雙氧水。有血跡存在，就會出現藍色反應。

（2）酚酞試驗：取少量檢材放置白濾紙上，用水浸濕檢材，加入還原態的酚酞試劑和三%雙氧水，有血跡存在，就會出現紅色反應。

（3）魯米諾試驗：用魯米諾（發光氨，3-氨基鄰苯二甲醯肼），過氧化鈉，加純水配製。裝入玻璃噴霧器內，在暗室內或夜晚對檢材進行噴射。如為血跡，就會呈現出藍光現象。大約持續三十秒鐘。（參考資料：「阿秋莎——血跡檢驗」，http://goo.gl/fGxOJx。）

九、婦人

【原文】

凡驗婦人，不可羞避。

若是處女，劄四至訖，舁①出光明平穩處，先令坐婆剪去中指甲，用綿札，先勒死人母親及血屬並鄰婦二三人同看，驗是與不是處女。令坐婆以所剪甲指頭入陰門內，有黯血出是，無即非。

若婦人有胎孕不明致死者，勒坐婆驗腹內委實有無胎孕。如有孕，心下至肚臍，以

【譯文】

凡是檢驗女屍，檢驗官不能站得遠遠的。

假如檢驗的是處女屍體，要把現場四面接界地方紀錄清楚，然後抬到明亮平穩的地方。先叫接生婆剪掉中指的指甲，用絲棉把指頭包扎好，再讓死者母親、家屬及兩三個鄰居婦女，一同驗看死者是不是處女。方法是讓接生婆用中指頭插進女屍的陰道，抽出後，絲棉上面如沾有黑血，就是處女，沒有就不是。

有的婦女死了，不知生前有無胎孕，可以叫接生婆檢驗。如果有胎孕的，從心口到肚臍，用手拍打時就會好像鐵石一樣結實；如果沒有胎孕的，拍手時會覺得

手拍之堅如鐵石，無即軟。

若無身孕，又無痕損，勒坐婆定驗產門內，恐有他物。

有孕婦人被殺，或因產子不下身死，屍經埋地窖，至檢時卻有死孩兒。推詳其故，蓋屍埋頓地窖，因地水火風吹，死人屍首脹滿，骨節縫開，故逐出腹內胎孕孩子。亦有臍帶之類，皆在屍腳下。產門有血水、惡物流出。

若富人家女使，先量死處四至了，便扛出大路上，檢驗有無痕損，令眾人見，以避嫌疑。

鬆軟。

如果驗出女人屍體既沒有胎孕，又沒有損傷，那就要接生婆檢查陰道，看有沒有塞進什麼東西。

有的胎孕婦女被殺害，或者因為孩子生不下來身死，屍體暫時埋放在地窖裡，檢驗的時候卻發現有死嬰。研究其道理，這是因為屍體埋放在地窖裡，受了地下水氣、火氣和地風等吹蒸，以致屍體膨脹，骨節縫裂開，肚裡的胎兒就被擠壓出來了。生下的孩子也有臍帶等，都流到死屍腳下。死屍的產門有血水、瘀血等髒東西流出。

檢驗財主家女婢的屍體，先把陳屍現場的四面接界量好，再把屍體扛到大路上，檢驗有沒有損傷，讓眾人觀看，以免眾人懷疑檢驗人員和財主有勾結。

① 舁即舉。

醫辨

1. 宋慈提到的驗處女法，係請接生婆用剪掉指甲包了絲棉的中指頭插進女屍的陰道，抽出後，絲棉上面如沾有黑血，主要是檢查處女膜是否完好。成人陰道（vagina）平均長度，東方人約七到十二公分，西方人約七・六到十五公分不等，處女膜位於陰道口與陰道前庭的分界處，是環繞陰道口不完全封閉的一層薄膜狀組織。中間有一或多個膜孔。薄膜大約二毫米厚，膜的正反兩面都是濕潤的黏膜，膜內含有結締組織、微血管和神經末梢，此膜可防外界細菌進入陰道，具保護作用。青春期前由於卵巢所分泌的雌激素很少，這時陰道黏膜薄、皺壁少、酸度低，故抵抗力差，處女膜有阻攔外界細菌的保護作用。宋慈選擇用中指長度戳破，利用處女膜上是否有的微血管破裂殘血流出來判斷是否為處女，但不是絕對準確，仍須搭配死者母親、家屬及兩三個鄰居婦女的證詞。
2. 宋慈說：「如有孕，心下至肚臍，以手拍之堅如鐵石」。按女子懷孕時子宮壁充血，提供胎盤豐富的養分及血液，故雖死胎，血液仍滯留在子宮內，觸診時會像摸到鐵石一樣感到結實。一旦羊膜破裂時，血液、羊水、胎便就會自產道流出。地窖藏屍，母屍腐爛脹大，造成產門撐開，兼以體內、子宮壓力變大，便會擠出死胎。

（附）小兒屍並胞胎

【原文】

有因爭鬥因而殺子謀人者，將子手足捉定，用腳跟於喉下踏死。只令仵作、行人，以手按其喉必塌，可驗真偽。

凡定當小兒骸骨，即云十二三歲小兒。若駁問，如何不定是男是女？即解云：「某當初只指定十二三歲小兒，即不曾說是男是女，蓋律稱兒，不定作兒是男女也。」

墮胎者，准律未成形像杖一百，墮胎者徒三年。律云

【譯文】

有個因為爭鬥結仇，把自己的孩子殺死而誣陷對方的案子，這個人把孩子的手腳捉住，朝孩子的頸（喉）用腳跟踩死。只要叫仵作、隨從用手按摸死孩的喉部，喉頭必然塌陷，便可驗出死因，從而斷定是否誣告。

凡是對小孩屍骨的驗定，可以寫「檢驗了十二三歲的小孩屍骨一具」。假如有人挑剔，問「為什麼不斷定是男是女？」就可解釋：「我本來只說是十二三歲小孩，並不曾說是男女。因為法律規定稱小孩，沒有規定一定要分男女。」

墮胎案件，法令規定，凡是墮下還沒有成人形的胚胎，要打一百大板；墮下成人形的胎兒，要判三年徒

「墮」，謂打而落，謂胎子落者。按《五藏神》①論：「懷胎一月如白露，二月如桃花，三月男女分，四月形像具，五月筋骨成，六月毛髮生，七月動右手，是男於母左，八月動左手，是女於母右，九月三轉身，十月滿足。」

若驗得未成形像，只驗所墮胎作血肉一片，或一塊，若經日壞爛，多化為水。若所墮胎已成形像者，謂頭腦、口、眼、耳、鼻、手、腳、指甲等全者，亦有臍帶之類。令收生婆定驗月數、定成人形或未成形，責狀在案。

刑。法律所說的「墮」，是指打胎而落，要胎兒落地才構成墮胎罪。據《五藏神》一書說：「胚胎一個月的像露水一滴，兩個月的像桃花瓣，三個月的分得出男女，四個月的具有人形，五個月的有筋脈骨骼，六個月的有頭髮，七個月的右手會動，男胎會在母體的左腹部，八個月的左手也會抖動，女胎會在母體的右腹部，九個月的會在肚裡會三度變換位置，十個月的就長成完整人形了。」

檢驗墮下沒有成人形的胚胎，只看得到血肉一片或一塊。如果隔了幾天，就腐爛化成血水。至於說墮下已成人形的胎，是指頭腦、口、眼、耳、鼻、手、腳、指甲等齊全，也有臍帶等。這樣的情況，可叫接生婆來驗明月份，鑑定成人形還是未成人形，寫下鑑定書，附在案卷裡。

墮胎兒在母腹內，被驚後死胎下者，衣胞紫黑色，血蔭②軟弱。生下腹外死者，其屍淡紅赤，無紫黑色，及胞衣白。

胎兒受驚後死在母體肚裡然後墮下的，胞衣呈紫黑色，血印模糊不清；生下後才死的，胎屍是淡紅色，沒有紫黑色，胞衣呈白色。

①道教認為心、肺、肝、腎、脾皆有神。從書名來看《五藏神》應為古醫書，具體內容不詳。
②血蔭即血印，瘀血。

醫辨

1. 宋慈的觀察與現代產科醫學有關胎兒發展時序的概念（timing of fetal development）相近——懷孕七至八週時頭部五官外型、四肢、心臟發育大致完成（因此某些宗教禁止八週後墮胎）。宋慈的意見也與新生兒醫學對足產胎兒出生時理學檢查的觀察相近——胎兒是否健康可由愛普格分數（Apgar Score）評估，像健康胎兒軀幹及手足外觀應呈粉紅色。
2. 胞衣即胎盤（placenta），是雌性哺乳類動物懷孕時的連接胎兒與母體的暫時器官。胎盤由兩部分組成。白色光滑面和胎兒羊膜（amnion）相貼，粗糙面是與母體的子宮基蛻膜（decidua basalis）相連。在胎盤中的絨毛微血管進行養份與廢物的交換。推估宋慈說活胎胞衣為白，應該指的是新鮮胎盤的光滑面。

醫學小知識

Apgar Score五項指標為「外觀」（Appearance）、「脈搏」（Pulse）、「哭鬧」（Grimace）、「活動」（Activity）、「呼吸」（Respiration）。

十、四時變動

【原文】

春三月，屍經兩三日，口、鼻、肚皮、兩脅、胸前，肉色微青。經十日，則鼻、耳內有惡汁流出，脹臭也。脹肥人如此，久患瘦劣人，半月後方有此證。

夏三月，屍經一兩日，先從面上、肚皮、兩脅、胸前肉色變動。經三日，口鼻內汁流蛆出，遍身胖脹，口唇翻，皮膚脫爛，疱胗起。經四五日髮落。

【譯文】

春季，屍體經過兩三天，口、鼻、肚皮、兩脅、胸前等部位的皮膚顏色即稍微發青。如經過十天，鼻孔、耳孔裡有臭血水流出來。脹臭的肥胖屍體就有這種現象。久病瘦弱的人，死後要半個月才有這種現象。

夏季，屍體經過一兩天，臉上、肚皮、兩脅、胸前的膚色逐漸發生變化。如經過三天，嘴裡、鼻孔裡便流出臭血水，還有蛆蟲爬出來，渾身膨脹發臭，嘴唇翻張，皮膚起疱疹、脫皮。經過四五天，頭髮就會脫落。

暑月罨屍，損處浮皮多白，不損處卻青黑，不見的實①痕。設若避臭穢，據見在檢過，往往誤事。稍或疑處，浮皮須令剝去，如有傷損，底下血蔭分明。

更有暑月，九竅內未有蛆蟲，卻於太陽穴、髮際內、兩脅、腹內，先有蛆出，必此處有損。

秋三月，屍經二三日，亦先從面上、肚皮、兩脅、胸前肉色變動。經四五日，口鼻內汁流蛆出，遍身胖脹，口唇翻，疱胗起。經六七日髮落。

冬三月，屍經四五日，

大熱天，用糟醋等洗敷屍體，有損傷的地方表皮大都呈白色，沒有損傷的地方卻是青黑色，看不清到底哪裡是真實傷痕。檢驗官員假使怕髒怕臭，只憑眼見便隨便驗過，往往會誤事。對於稍有懷疑的地方，必須剝掉浮皮，假使有損傷，浮皮下面就會有很明顯的血印。

還有大熱天屍體臉上七孔加尿道、肛門裡不見有蛆蟲，卻先從太陽穴、髮際、兩脅、肚皮裡面爬出蛆蟲來，這些部位必定有損傷。

秋天，屍體經過兩三天後，也是先從臉上、肚皮、兩脅、胸前皮膚的顏色起變化。經過四五天後，嘴裡、鼻孔裡就有臭血水和蛆蟲跑出來，渾身脹臭，嘴唇翻起，開始起疱疹。經過六七天後，頭髮就會脫落。

冬季，屍體經過四五天後，全身皮膚就慢慢地變身體肉色黃紫，微變。經半月以後，先從面上、口、鼻、兩脅、胸前變動。

或安在濕地，用薦席裹角埋瘞，其屍卒難變動。更詳月頭月尾，按春秋節氣定之。

盛熱，屍首經一日即皮肉變動，作青黯色，有氣息。經三四日，皮肉漸壞，屍脹蛆出，口鼻汁流，頭髮漸落。

盛寒，五日如盛熱一日時，半月如盛熱三四日時。

春秋氣候和平，兩三日可比夏一日，八九日可比夏三四日。

成黃紫色。經過半個月後，先從臉上、嘴巴、鼻子、兩脅、胸前開始發生變化。

有些屍體用草蓆裹紮，安放在潮濕的地方，這樣的屍體在短期內很少會發生變化。觀察屍體的變化，還要詳細計算死亡時間是在月頭還是月尾，再根據當時節氣，來判斷屍體死亡時間。

大熱天，屍體經過一天皮肉就發生變化，出現青黑顏色，有臭味散發出來。經過三四天後，皮肉開始逐漸腫臭腐爛，孳生蛆蟲，嘴裡、鼻孔裡有血水流出，頭髮漸漸脫落。

大冷天，屍體隔五天相當於大熱天隔一天，隔半月相當於大熱天三四天。

春秋時節氣溫正常，兩三天相當於夏季一天，八九天相當於夏季三四天。

然人有肥瘦老少，肥、少者易壞，瘦、老者難壞。又南北氣候不同，山內寒暄不常，更在臨時通變審察。

①的實，真實、踏實。

但是人有肥瘦和老少的區別，肥胖、年輕的屍體容易腐爛，消瘦、年老的屍體不容易腐爛。還有南北各地氣候不一樣，山區冷熱不正常，在檢驗的時候這些情況都要仔細釐清，做不同考慮。

醫辨

勘驗屍體時，四季、溫熱帶、山地海河平原等地形條件皆須考慮在內。宋慈提及屍體腐爛速度的換算，冬：春秋：夏，約一：二：五。應是累積大量的經驗歸納出來的結果。今日的觀察歸納為：腐敗性腹部膨脹，春秋季節約在死後八至十小時，夏季約為四至五小時，冬季約為四十八至七十二小時。腐敗綠斑，春秋季節約在死後二十四小時，夏季約為十二小時，冬天約為七十二至一二〇小時。腐敗血管網，春秋季節約在死後四十八至七十二小時，夏季約為一至二天，冬季約為七天開始出現。頭髮脫落和腐敗水泡，春秋季節約在死後三至五天，夏季約為一至二天，冬季一般不會出現。但以上皆只是大概而已，實際仍必須視陳屍現場而定。

十一、洗罨

【原文】

宜多備糟醋。襯屍紙惟有藤連紙、白抄紙可用，若竹紙見鹽醋多爛，恐侵損屍體。

舁屍於平穩光明地上，先乾檢一遍，用水沖洗。次挼①皂角洗滌屍垢膩，又以水沖蕩潔淨。洗時下用門扇、簟席襯，不惹塵土。洗了，如法用糟醋擁罨屍首。仍以死人衣物盡蓋，用煮醋淋。又以薦席罨一時久，候屍體透軟，即去蓋物，以水沖去糟醋，方驗。不

【譯文】

檢驗屍體的時候，要準備充足的糟醋。襯屍用的紙只有品質好的藤連紙、白抄紙才合格。竹制紙沾上鹽醋就爛掉了，還會毀損屍體。

檢驗的時候，把屍體抬放到平穩光亮的地面上，先檢驗一遍，然後用水洗屍體，擦一些皂角，洗去屍體上的汙垢，再用水沖乾淨。洗的時候，下面要用門板、竹席等墊著，以免沾到塵土。洗完後，按照固定程序，用糟醋擁蓋屍體，仍用死者衣服把屍體全部蓋好，再用煮熱的醋澆淋。然後用草席緊蓋一個時辰，等到屍體軟透後，拿去遮蓋的東西，用水沖去糟醋，才進行檢驗。不要聽信手底下檢驗人員的話，只用酒醋在屍體上潑洗一下就算完事，以免傷痕顯現不出來。

得信行人說，只將酒醋潑過，痕損不出。

初春與冬月宜熱煮醋，及炒糟令熱。仲春與殘秋宜微熱。夏秋之內，糟醋微熱，以天氣炎熱，恐傷皮肉。秋將深則用熱，屍左右手肋相去三四尺，加火熷②，以氣候差涼。冬雪寒凜，屍首僵凍，糟醋雖極熱，被衣重疊擁罨，亦不得屍體透軟。當掘坑，長闊於屍，深三尺，取炭及木柴遍鋪坑內，以火燒令通紅，多以醋沃之，氣勃勃然，方連擁罨法物襯簟舁屍置於坑內，仍用衣被覆蓋，再用熱醋淋遍。坑兩

初春和冬天，天氣寒冷，要把醋煮得熱一些，酒糟也要炒熱才能使用。春二月和九月，應該用溫熱的糟醋。夏秋之間，糟醋只要稍微有點熱就可以了，這是因為在炎熱的天氣，過熱的糟醋容易損傷屍體皮肉。秋天隨著氣候轉涼，糟醋要用熱的，並在離屍體左右手和肋部三四尺的地方用火烘烤。冬天下雪，冷得要命，屍體硬到不行，那就應當挖一個三尺深、比屍體長闊一些的土坑，坑底鋪一層木柴和炭，用火燒得土坑通紅，然後用醋把火潑熄，趁著熱氣蒸騰的時候，把屍體連擁敷襯墊的東西一起抬放到坑裡去，仍舊用衣被蓋好，再用熱醋淋透，離坑兩邊二三尺的地方，燒火烘烤。屍體大約軟透後，把火撤去，再把屍體扛出來檢驗。如果是在冬盡春初的時候，就不必挖火坑，只須在兩邊烘烤屍體就可以，以上做法主要還是看氣候決定。

邊相去二三尺，復以火烘。約透去火，移屍出驗。冬殘春初，不必掘坑，只用火烘兩邊，看節候詳度。

湖南風俗，檢死人皆於屍旁開一深坑，用火燒紅，去火入屍，在坑內潑上糟、醋，又四面有火逼，良久，扛出屍。或行兇人爭痕損，或死人骨屬相爭不肯認，至於有三四次扛入火坑重檢者，人屍至三四次經火，肉色皆焦赤，痕損愈不分明，行吏因此為奸。未至一兩月間，肉皆潰爛。及其家有論訴，差到聚檢官時，已是數月，止有骨殖，肉上痕損並

湖南地方檢驗屍體的習慣做法是，在屍體旁邊挖一個很深的土坑，用火燒紅後，將火撤除，把屍體放在坑裡，潑下糟醋，再從四面用火烘烤，隔很久，才把屍體扛出來檢驗。這樣檢驗，遇到有些兇嫌對傷痕有意見，或者死者親屬因驗不出傷痕不肯罷休，以致三四回扛進火坑重新檢驗的。屍體在火坑裡經過三四回烘烤，皮肉都烤焦紅了，傷痕更加看不出來，檢驗人員和差役們更容易從中舞弊。不用一兩個月，屍體都爛了。那時，死者親屬再有什麼爭論和控訴，等到官員下來複驗，已隔了幾個月，只剩下一副骨頭，皮肉上的損傷便再也檢驗不出來了。這種火坑法只有湖南才採用，做審判官的應該懂得這個方法的弊病所在。

不得而知。火炕法，獨湖南如此，守官者宜知之。

①挼指揉搓、揉擦。
②熁，熏、烤、烘。

十二、驗未埋瘞屍

【原文】

未埋屍首，或在屋內地上，或床上，或屋前後露天地上，或在山嶺溪澗草木上，並先打量頓屍所在，四至、高低，所離某處若干？在溪澗之內，上去山腳或岸幾許？係何人地上？地名甚處？若屋內，係在何處？及上下有無物色蓋簟？訖，方可舁屍出驗。

先剝脫在身衣服，或婦人首飾，自頭上至鞋襪，逐一抄箚，或是隨身行李，亦具名

【譯文】

未曾埋葬的屍體，有的倒在屋內地上或躺在床上，有的在屋前屋後露天地方，有的在山上、在溪澗裡、在草叢中或樹木上。檢驗前要把屍體所在的地方看好，位置量好；四周毗鄰地方的地形、地勢如何？距離某個醒目的地標多遠？如果屍體在溪澗裡，上至山腳或離岸有多遠？是在誰家的土地上？地名叫什麼？如果在屋裡，又是在哪間？屍體上下有沒有墊著或蓋著什麼東西？以上這些都勘驗完畢，才能把屍體扛出來檢驗。

檢驗的時候，應該先把屍體上的衣服剝掉。如是婦女，還要一併除去首飾。從頭上到鞋襪，所穿戴的，都要一件件記錄清楚。如果還有隨身行李，也要把名稱、

件。訖，且以溫水洗屍一遍，乃驗。未要使用酒醋。

剝爛衣服，洗了，先看其屍有無軍號？或額角、面臉上所刺大小字體，計幾行或幾字？是何軍人？若係配隸人，所配隸何州、軍？字亦須計行數。如經刺環，或方或圓？或在手臂、項上亦記幾個。內是刺字，或環子？曾艾灸或用藥取？痕跡黯淡及成疤瘢，可取竹削一篦子，於灸處撻之可見。辨驗色目①人訖，即看死人身上甚處有雕青？有灸瘢？係新舊瘡疤？有無膿血？計共幾個？及新舊官杖瘡疤，或背

件數記清楚。然後用溫水把屍體洗一遍才開始檢驗。不要一開始就用酒醋潑洗。

剝掉衣服洗完後，先看屍身上有沒有刺軍籍字號？是在額角還是臉上？字有多大？是些什麼字？共幾行？或幾個字？是屬於哪個軍的？如果是充軍的囚犯，是發配到哪個州、哪個軍的？刺字也要看幾行？如果刺的是記號，要看是方的還是圓的？還要看手背、頸項上刺了幾個刺青？刺的是字還是圓圈一類的符號？有沒有用艾葉薰灸或用藥塗除過的痕跡？痕跡是暗淡不明或形成疤痕的，可削一根竹片，在這些地方刮幾下，就能看清楚。把死者身分查驗清楚後，再看屍身上哪些地方有刺青花樣？有沒有艾灸的疤痕？這種疤痕是新的還是舊的？有沒有膿血？共有幾個？背脊上、屁股上，有沒有新的或舊的棒瘡？腿上、腳上有沒有受過刑杖的痕跡？哪些地方有舊的瘡癬疤？哪些地方還生著瘡癬子？都要把大小和位置給量好記好，也都要大聲唱報清楚。如沒

或臂，並新舊荊杖子痕，或腿或腳底。甚處有舊瘡癤瘢？甚處是見患？須量見分寸，及何處有黯記之類，盡行聲說。如無亦開寫。打量屍首，身長若干？髮長若干？年顏若干？

有這些特徵，也要寫清楚。再者，屍體身長多少，頭髮長多少，年歲多少，都要測量調查後記錄。

① 色目指種類名目。

十三、驗墳內及屋下葬殯屍

【原文】

先驗墳係何人地上？地名甚處？土堆一個，量高及長闊，並各計若干尺寸，及屍見殯殯在何人屋下，亦如前量之。

次看屍頭腳所向，謂如頭東腳西之類。頭離某處若干？腳離某處若干？左右亦如之。對眾爬開浮土，或取去殯磚，看其屍用何物盛簟？謂棺木，有無漆飾？席，有無沿椽及蘉葦之類？舁出，開拆取屍，於光明處地上驗之。

【譯文】

對於已掩埋的屍體，應先驗看墳堆，是在誰家地上？地名叫什麼？量出墳堆高、長、闊各多少。如果屍體殯放在房屋下，也要查明是在誰家屋下，殯磚的高、長、闊等都和前面一樣量定。

接著根據墳上標誌，看屍體頭腳朝什麼方向，如頭朝東、腳朝西等。頭離某個明顯目標多遠？腳亦離多遠？屍體左右也要同樣量清楚。然後當眾扒開浮土，或者搬掉殯放的磚塊，看屍體是用甚麼東西裝墊著？如果有棺材，就要看有無油漆過？有無雕畫花紋等裝飾？如果是席子，有無邊飾？是粗的還是細的？篾編的還是草織的？登記清楚後，再抬出來，把屍體扛到光線充足的地方檢驗。

十四、驗壞爛屍

【原文】

若避臭穢，不親臨，往往誤事。

屍首變動，臭不可近，當燒蒼樹、皂角辟之，用麻油塗鼻，或作紙撚子揾油塞兩鼻孔，仍以生薑小塊置口內。遇檢，切用猛閉口，恐穢氣沖入。量紮四至訖，用水沖去蛆蟲穢汙，皮肉乾淨，方可驗。未須用糟、醋。頻令新汲水澆屍首四面。

屍首壞爛，被打或刃傷處

【譯文】

對於腐爛屍體，檢驗官如果怕臭怕髒，不親自到場檢驗，往往會誤事。

屍體腐爛後，會產生一股難聞的讓人無法靠近的臭味。檢驗時，要燃燒蒼樹、皂角來避臭氣。另外在鼻孔裡塗一點麻油，或者做雙紙卷蘸些麻油塞在鼻孔裡，並在嘴裡含一小塊生薑。接觸屍體的時候，嘴巴必須緊閉，以防止氣沖入。把屍體現場四面接界的地方量好後，先用水沖洗屍體，沖去蛆蟲和骯髒的東西，待皮肉沖乾淨了，才可以檢驗。這樣的屍體，不需要用糟醋，只要不斷舀水從屍體前後左右清洗便可。

屍體腐爛了，生前被打或被銳器所傷的地方，皮肉

痕損，皮肉作赤色，深重作青黑色，貼骨不壞，蟲不能食。

是紅色，傷重的是青黑色，緊貼骨頭的地方並不腐爛，蛆蟲也吃不動。

十五、無憑檢驗

【原文】

凡檢驗無憑之屍，宜說頭髮褪落，曲鬢①、頭面、遍身皮肉並皆一概青黑，皽皮壞爛，及被蛆蟲咂破，骨殖顯露去處。

如皮肉消化，宜說骸骨顯露，上下皮肉並皆一概消化，只有些小消化不及，筋肉與骨殖相連，今來委是無憑檢複本人生前沿身上下有無傷損它故，及定奪年顏形狀、致死因依不得。兼用手揣捏得沿身上下，並無骨損去處。

【譯文】

大凡遇到無從檢驗的屍體，應該報告說頭髮脫落，曲鬢、頭髮和渾身皮肉全部發變為青黑色，皮肉腐爛，被蛆蟲啃食得連骨頭都露出來了。

如果皮肉都爛完了，應該報告說骨骸都顯露出來了，屍身上下皮肉都爛完，只有少數沒有爛完的筋肉韌帶沾黏著骨骸，卻無法檢驗出死者生前渾身上下有沒有損傷或有哪些毛病，也無法看出年齡、相貌、死亡原因等。又用手摸捏全身上下，也沒發現骨頭有折斷損傷痕跡。

① 曲鬢指耳朵上緣髮際處。

醫辨

如果遇屍身上下皮肉都爛完時，還有殘存的韌帶、肌腱與骨頭可以供作法醫檢驗的依據。韌帶、肌腱與骨頭較不易腐爛，這些線索當然不能放過。透過韌帶、肌腱與骨頭，可以獲得外傷如何造成斷裂、骨折、變形、脫臼等資訊。

醫學小知識

肌腱（tendon）是具有支撐力及柔軟度的纖維帶狀物，為肌肉與骨頭間的連接，性質強韌。韌帶（ligament）則分包裹型、外在型以及內臟型三種。運動關節多為包裹型及外在型，前者包覆在關節滑液腔外，如肩、膝、踝腕等關節。而外在型為骨與骨間的連接，協助關節運動及穩定關節。但施力不當，過度使用將導致韌帶斷裂，產生關節脫臼。

十六、白僵死、猝死

【原文】

先鋪炭火，約與死人長闊，上鋪薄布，可與炭等，以水噴微濕，臥屍於上，仍以布覆蓋頭面肢體訖，再用炭火鋪擁令遍，再以布覆之，復用水遍灑。一時久，其屍皮肉必軟起。乃揭所鋪布與炭看，若皮肉軟起，方可以熱醋洗之，於驗損處外以蔥、椒、鹽同白梅和糟研爛，拍作餅子，火內煨令熱，先於屍上用紙搭了，次以糟餅罨之，其痕損必見。

【譯文】

經久沒有腐爛和乾癟的屍體，方法是在地上鋪上一層熟炭灰，大約和屍體長闊差不多，上面鋪一層薄布，把灰蓋住，用水把布噴至微濕，將屍體安放在布上，用布蓋沒，再以炭灰擁蓋屍體，復用布蓋在炭灰上，並用水透灑一遍。隔一個時辰，屍體的皮肉就會變軟。然後揭開布，撥去灰，如果皮肉已經變軟了，即可用熱醋洗擦屍體，用蔥、椒、鹽、白梅和糟一起研爛，做成餅子，在火上烤熟，在懷疑有傷損的地方襯一張紙，把烤熟的糟餅放在上面熨烙，傷痕就必然顯現出來。

卷三

十七、驗骨

【原文】

人有三百六十五節，按一年三百六十五日。男子骨白，婦人骨黑。婦人生，骨出血如河水，故骨黑。如服毒藥骨黑，須仔細詳定。

髑髏骨：男子自頂及耳並腦後共八片，蔡州人有九片。腦後橫一縫。當正直下至髮際，別有一直縫；婦人只六

【譯文】

人有三百六十五根骨頭，這和一年有三百六十五天是吻合的。人的屍體腐爛後，男人的骨頭是白色的，女人的骨頭是黑色的。女人生前行經，出血像流水一樣，血液流散，所以骨頭是黑色的；顏色和服毒藥而死的骨頭差不多，應該仔細鑑別。

腦顱骨：男人從頭頂到耳部和腦後共八片，蔡州人有九片，腦後有一條橫縫，從這條橫縫的中點往下至髮際，又有一條直縫。女人的頭骨只有六片，腦後有一條橫縫，卻沒有當中直下的直縫。

片；腦後橫一縫，當正直下無縫。

牙有二十四，或二十八，或三十二，或三十六。

胸前骨三條。心骨一片，嫩如錢大。項與脊骨各十二節。自項至腰共二十四椎骨，上有一大椎骨。肩井及左右飯匙骨各一片。左右肋骨，男子各十二條，八條長，四條短；婦人各十四條。男女腰間各有一骨，大如手掌，有八孔，作四行。

手腳骨各二段，男子左右手腕及左右臁肕骨邊，皆有捭骨；婦人無。兩腳膝頭各有頔

每個人的牙齒多寡不等，有的二十四顆，有的二十八顆，有的三十二顆，有的三十六顆。

胸前骨有三根。心坎骨一片，只有銅錢那麼大。項骨和脊骨各有十二節。從項部到腰部共有二十四塊脊椎骨，最上的一塊叫大椎骨。左右肩井骨和飯匙骨各一片。左右肋骨，男人兩邊各十二根，其中八根長的，四根短的。女人兩邊則各有十四根。不管男人或女人，腰部都有一塊手掌那樣大的骨頭，上面有八個洞孔，分成四排。

手骨和腳骨各有兩段。男人左右手腕和左右脛骨旁邊都有捭骨，女人沒有。兩邊膝頭地方各有一塊和大拇指差不多大小的頔骨，隱藏在膝蓋中間。手掌和腳板各

骨，隱有其間，如大指大；手掌腳板各五縫，手腳大拇指並腳第五指各二節，餘十四指並三節。尾蛆骨若豬腰子，仰在骨節下。

男子者，其綴脊處凹，兩邊皆有尖瓣，如稜角，周布九竅。婦人者，其綴脊處平直，周布六竅。大小便處各一竅。

骸骨各用麻草小索或細篾串訖，各以紙簽標號某骨，檢驗時不至差誤。

有五串小骨頭，手、腳的大拇指（趾）和腳的小趾各只有兩節，其餘十四指（趾）都是三節。尾蛆骨好像豬腰子一樣，掛在脊椎骨節的最下面。

男人的尾蛆骨和脊椎骨相連的地方稍凹，兩邊有尖瓣，像菱角，四周有九個小洞孔。女人尾蛆骨和脊椎骨連結處平直，周圍有六個小洞孔。大小便的地方各有一個洞孔。

受檢骨頭，都要用麻繩或細篾一根根串起來，並用紙簽標明是什麼骨頭，檢驗的時候才不會搞錯。

醫辨

1. 根據屍體解剖學，成人骨頭西方人二〇六塊，半數東方人二〇四塊（最小腳趾骨融合），小孩有二一三塊，新生兒則有三〇五塊，分為頭顱骨、軀幹骨、上肢骨、下肢骨四大部分。兒童因骶骨、尾骨、髖骨尚未融合，所以骨頭總數比成人多十一十二塊。頭顱骨又可分為顱骨、顏面骨。顱骨：共八塊。奇數骨是額骨、篩骨、蝶骨和枕骨，偶數骨為顳骨和頂骨；顏面骨共十五塊骨，奇數骨是犁骨、下頜骨和舌骨，偶數骨為上頜骨、顎骨、顴骨、鼻骨、淚骨及下鼻甲。
2. 正常成人恆牙共三十二顆，不含智齒則為二八顆。先天顱顏畸形或染色體異常者可能奇數顆。門牙二顆、犬齒一顆、臼齒四顆、智齒一顆，共四組。
3. 宋慈指胸前骨（龜子骨、心坎骨）有三根，對應解剖學中的專有名詞應為胸骨柄（manubrium）、胸骨（sternum）、劍突（xiphoid）。宋慈指二四塊脊椎骨則對應為頸椎（C）七塊、胸椎（T）一二塊、腰椎（L）五塊。大椎骨為解剖學所指的骶骨（sacrum），幼時五塊（四段間隔）至成年融合成一塊，故有成對的四個洞（看似麻將的八筒）。尾蛆骨為解剖學所指的尾骨（coccyx），幼時三~四塊尾椎，成年合成一塊尾骨。

4.人類有十二對肋骨，同胸椎數：分上中下，上部第一到七肋骨經肋軟骨與胸骨（Sternum）相連，亦稱做真肋；中間的第八到十肋骨經肋軟骨匯聚成肋弓（Arcus costalis），又稱為假肋。最下的第十一和十二肋骨僅半圈（一端游離），游離端無軟骨相連，又稱浮肋。受力強度由上至下遞減。

5.骨盆（pelvis）由骶骨（sacrum）、尾骨（coccyx）及成對髖骨（Hip）組成。髖骨又細分為髂骨（ilium）、坐骨（ischium）及恥骨（pubis）。①

6.就西方解剖學來說，男女骨骼數量應該相同，區別在於真骨盆（又名下骨盆、小骨盆），男性骨盆較小，似倒立的交通錐。女性骨盆則較男性寬大，像直立圓桶。又女性骨骼重量比男性輕，全身骨骼的總重量大約比男性輕二○%。雖然西方解剖學與宋慈提出的數量有出入，但推測宋慈的計算結果，可能是把軟骨一併計算進去的關係。另外，宋慈已知利用骨頭形狀、數量、角度之差異，判別屍體的種族及性別，很接近今日體質人類學家的做法，這在當時是很進步的觀念。

① 參考資料：http://help-your-back.org。

十八、論沿身骨脈及要害去處

【原文】

夫人兩手指甲相連者小節，小節之後中節，中節之後者本節。本節之後肢骨之前生掌骨，掌骨上生掌肉，掌肉後可屈曲者腕，腕左起高骨者手外踝，右起高骨者右手踝，二踝相連生者臂骨，輔臂骨者髀骨，三骨相繼者肘骨，前可屈曲者曲肘，曲肘上生者臑骨，臑骨上生者肩髃，肩髃之前者橫髃骨，橫髃骨之前者髀骨，髀骨之中陷者缺盆。缺盆之上

【譯文】

要說人體的骨頭結構，從手說起，兩手指頭最前端有指甲的那一段叫末節，末節後面是中節，中節後面是基節。基節的後面，腕骨的前面是掌骨，掌骨上面生掌肉，掌肉後面可以彎曲的地方是手腕。手腕外邊高起的一塊叫手外踝，裡面凸出的一塊叫手內踝，和兩踝骨連在一起的地方叫臂骨，輔助臂骨的是尺骨，接連這兩根骨頭的是肘骨。肘骨前面可以彎曲的地方叫曲肘。曲肘上面是肱骨，肱骨上面是肩髃，肩髃的前邊是橫髃骨，橫髃骨的前面是髀骨，髀骨當中有一塊凹陷進去的骨頭叫血盆骨。血盆骨的上面是頸，頸的前面是嗓喉，嗓喉的上面是喉結，喉結上面叫下巴殼。下巴殼的兩邊叫曲頷，曲頷的兩邊叫頤，頤的兩邊是下牙床骨。下牙

者頸，頸之前者顙喉，顙喉之上者結喉，結喉之上者胲，胲兩傍者曲頷，曲頷兩旁者頤。頤兩傍者頰車，頰車上者耳，耳上者曲鬢，曲鬢上行者頂，頂前者囟門，囟門之下者髮際，髮際正下者額，額下者眉，眉際之末者太陽穴，太陽穴前者目，目兩旁者兩小眦，兩小眦上者上臉，下者下臉，正位能瞻視者目瞳子，瞳子近鼻者兩大眦，近兩大眦者鼻山根，鼻山根上印堂，印堂上者腦角，腦角下者承枕骨。脊骨下橫生者髖骨，髖骨兩旁者釵骨，釵骨下中者腰門骨，釵骨

床骨上面是耳朵，耳朵上面是曲鬢。曲鬢再往上就是天靈蓋，天靈蓋前面的空隙叫囟門。囟門下面叫髮際，髮際正下面是額。額下面是眉際，眉際的末尾是太陽穴。太陽穴的前面是眼睛，眼睛兩旁是左、右外眦，左、右外眦上面是上眼皮，下面是下眼皮，當中能觀看的是瞳孔，瞳孔靠近鼻子的是兩內眦，接近兩內眦的是鼻根。鼻根上面是印堂，印堂上面是腦角，腦角下面是承枕骨。脊椎骨下部的橫骨叫髖骨。髖骨兩邊是釵骨，釵骨下面正中是腰椎，和釵骨連在一起的是股骨。股骨下面可以彎曲的是膕窩，膕窩上面生著膝蓋骨。膝蓋骨下面生著脛骨，脛骨旁邊是腓骨。腓骨下面外邊高起的是左右足外踝，裡邊高起的是左右足內踝。脛骨前面垂下的是左右跗骨。跗骨前面是趾骨基節，趾骨基節前面是末節，末節相連的是足趾甲。趾甲後面是腳背，腳背下面凹陷的一塊叫足心，下面叫蹠骨。蹠骨後面是踵肉，踵肉後面是腳跟。

上連生者腿骨，腿骨下可屈曲者曲脷，曲脷上生者膝蓋骨，膝蓋骨下生者脛骨，脛骨傍生者跂骨，跂骨下左起高大者兩足外踝，右起高大者兩足右踝，脛骨前垂者兩足跂骨，跂骨前者足本節，本節前者小節，小節相連者足指甲，指甲後生者足前趺，趺後凹陷者足心，下生者足掌骨，掌骨後生者踵肉，踵肉後者腳跟也。

檢滴骨親法——謂如某甲是父或母，有骸骨在，某乙來認親生男或女，何以驗之？試令某乙就身刺一兩點血，滴骸骨上，是的親生則血沁入骨

滴骨親的檢驗方法——比如某甲是父親或母親，死後骸骨還在，某乙自認是某甲的親生兒女，怎樣來鑑定是不是親生的呢？可以做這樣的試驗，就是從某乙身上刺一兩滴血，滴在骸骨上，如果是死者親生的兒女，血液就會滲到骨頭裡去，否則就滲不進去。老百姓說的滴

內，否則不入。俗云滴骨親，蓋謂此也。

檢骨須是晴明。先以水淨洗骨，用麻穿定形骸，次第以簟子盛定，卻鋤開地窖一穴，長五尺、闊三尺、深二尺，多以柴炭燒煅，以地紅為度。除去火，卻以好酒二升、酸醋五升潑地窖內，乘熱氣扛骨入穴內，以藁薦①遮定，烝②骨一兩時，候地冷取去薦，扛出骨殖，向平明處將紅油傘遮屍骨驗。若骨上有被打處，即有紅色路微蔭，骨斷處其接續兩頭各有血暈色。再以有痕骨照日看，紅活，乃是生前被打分

骨驗親，就是這個辦法。

檢驗骸骨，必須選擇晴朗的天氣。先用水把骸骨洗乾淨，用麻繩按人體結構依次串好，放在竹席上。另外在地上挖一土坑，五尺長、三尺闊、兩尺深；先多用些柴炭在坑裡煅燒，燒到表土發紅，除去火後，再用兩升好酒和五升酸醋，灑在坑裡，趁熱氣蒸騰的時候，把骸骨抬進坑內，用草蓆緊緊蓋住，蒸骨一兩個時辰。等地皮冷卻後，便取去草蓆，抬出骸骨，對著陽光用紅油傘遮住骸骨檢驗。如果骨頭上有被打的地方，就會顯露出淡紅色的血印。如果骨頭打斷了，在折斷的兩頭接續處，會有血印的痕跡。把這種有血印的骨頭拿到有陽光的地方照著，顏色紅潤，就能肯定是生前被打。骨頭上如果沒有血印，縱然有損傷折斷，也是死後造成的傷痕。對於這樣的骸骨，切忌用酒醋去煮，就怕煮了以後，更加不便檢驗。

明。骨上若無血蔭，縱有損折，乃死後痕。切不可以酒醋煮骨，恐有不便處。

此項須是晴明方可，陰雨則難見也。如陰雨，不得已則用煮法：以甕一口，如鍋煮物，以炭火煮醋，多入鹽、白梅同骨煎，須著親臨監視，候千百滾取出，水洗，向日照，其痕即見；血皆浸骨損處，赤色青黑色，仍仔細驗，有無破裂。

煮骨不得見錫，用則骨多黯。若有人作弊，將藥物置鍋內，其骨有傷處反白不見。解法見驗屍門。

這樣的檢驗，必須在晴朗天進行，陰雨天是很難看見的。如果連日陰雨不便檢驗，在不得已的情況下，才能用煮骨法：辦法是用一只甕，像煮東西一樣，裡面放醋，用炭火煮，再多放些鹽、白梅和骸骨一同熬煮。煮骨時，檢驗官一定要親臨監視，等水千百滾後，取出骨頭用水洗乾淨，在太陽光下照著，就能看出傷痕。損傷的地方由於血液滲入，便呈現暗紅色或青黑色。但還要仔細驗看骨頭有沒有破裂，如有破裂，就可以肯定有損傷。

煮骨不能用錫器。用了錫器，骨頭會變成烏黑色。假如有人從中作弊，在鍋裡暗暗地下藥，也會使骨頭上有傷的地方反而變成白色。解除這種藥物的方法見驗屍篇。

若骨或經三兩次洗罨，其色白與無損同，何以辨之？當將合驗損處骨以油灌之，其骨大者有縫，小者有竅，候油溢出則揩令乾；向明照損處，油到即停住不行，明亮處則無損。

一法，濃磨好墨塗骨上，候乾即洗去墨。若有損處，則墨必浸入，不損則墨不浸。

又法，用新綿於骨上拂拭，遇損處必牽惹線絲起。折者，其色在骨斷處兩頭，又看折處，其骨芒刺向裡或外，毆打折者，芒刺在裡，在外者非。

如果骸骨有時經過兩三次蒸驗，有損傷的地方和沒有損傷的地方一樣是白色，該怎樣鑑別呢？可以把需要檢驗的有損傷的骨頭，用食油慢慢灌注。凡是骨頭，大的有縫，小的有孔，等油罐滿溢出就停止，用布把溢出的油擦乾，再把骨頭拿到明亮的地方去照。有損傷的地方，油流到那裡就會停住，呈現黑影，如果骨頭明亮，就表示沒損傷。

另一個辦法是用上好的墨，磨得濃濃的，塗在需要檢驗的骸骨上，乾了以後再用水洗掉。假如骨頭上有損傷，墨汁就會滲透進去；沒有損傷，墨汁就滲透不進去。

還有一個辦法是，用新絲綿在需要檢驗的骸骨上磨擦，遇到有損傷的地方，必然會把綿絲勾住牽引。骨折處有許多芒刺，找到後再看這些芒刺是向裡還是向外。凡是毆打折斷的，芒刺向裡，如果芒刺向外，就不是打斷的。

髑髏骨有他故處骨青，骨折處帶淤血。

仔細看骨上有青暈或紫黑暈。長是他物，圓是拳，大是頭撞，小是腳尖。

四縫骸骨內一處有損折，係致命所在，或非要害，即令仵作行人指定喝起。

擁罨檢訖，仵作行人喝四縫骸骨，調屍仰臥，自髑髏喝，頂心至囟門骨、鼻樑骨、胲頷骨、並口骨並全；兩眼眶、兩額角、兩太陽、兩耳、兩腮骨並全；兩肩井、兩臆骨全；胸前龜子骨、心坎骨全。左臂、腕、手及髀骨全；左肋

腦殼如有外傷會呈現青色，骨頭破折的地方會帶有瘀血。

仔細驗看骨頭上，如發現有青印或紫黑印，長的是鈍器打的，圓的是拳頭打的，大的是頭撞的，小的是腳尖踢的。

前後左右骸骨上只要發現有一點損傷，或者是致命傷，或者不是致命傷，就要下令檢驗人員認定唱報。

用上述辦法檢驗完畢，檢驗人員還要唱報骸骨的前後左右情況，要先把屍骨仰臥，從腦殼起唱報，頂心至囟門骨、鼻樑骨、頦頷骨以至口骨都完整；兩眼眶、兩額角、兩太陽穴、兩耳、兩腮胲骨都完整；兩肩頸、兩臆骨完整；胸前龜子骨、心坎骨完整。左臂骨、腕骨、掌骨和髀骨完整；左肋骨完整；左胯骨、左腿骨、左脛骨、髀骨和左腳踝骨、腳掌骨都完整。右邊也同樣唱報。然後翻轉來唱報，腦後乘枕骨、脊下至尾蛆骨都完整。

骨全；左胯、左腿、左臁肕、並脾骨、及左腳踝骨、腳掌骨並全。右亦如之。翻轉喝，腦後乘枕骨、脊下至尾蛆骨並全。

凡驗原被傷殺死人，經日屍首壞，蛆蟲咂食，只存骸骨者，原被傷痕，血黏骨上，有乾黑血為證。若無傷骨損，其骨上有破損，如頭髮露痕，又如瓦器龜裂，沉淹損路，為驗。

毆死者，死傷處不至骨損，則肉緊貼在骨上，用水沖激亦不去，指甲蹙之方脫；肉貼處其痕損即可見。

凡是檢驗被殺傷死的，經過一段時日，屍體腐爛，被蛆蟲吃得只剩下骨頭了，原來受傷的地方，瘀血沉著在骨頭上，有乾掉的黑血跡，就能作為被殺傷的證明。如果沒有這種血跡，骨頭卻又有破損，這種破損的痕跡就會細得像頭髮絲一樣，很像陶器上的裂紋，紋路不太明顯，如果有這種裂紋的，也是生前受傷的明證。

生前是被毆打死的，如果致命要害部位的骨頭還沒有破損，那麼這部分的死肉必然緊緊地黏貼在骨頭上，就是用水沖也沖不掉，只有用指甲才能剔掉。剔掉死肉後，骨頭上的外傷痕跡就能看得很清楚。

驗骨訖，自髑髏、肩井、臆骨，並臂腕手骨，及胯骨、腰腿骨、臁肕膝蓋並髀骨，並標號左右。其肋骨共二十四莖，左右各十二莖，分左右，係：左第一、左第二、右第一、右第二之類。莖莖依資次題訖。內脊骨二十四節，亦自上題一、二、三、四，連尾蛆骨處號之。並胸前龜子骨、心坎骨亦號之，庶易於檢湊。兩肩、兩胯、兩腕皆有蓋骨，尋常不係在骨之數；經打傷損，方入眾骨係數，不若拘收在數為良也。先用紙數重包定，次用油單紙三四重裹了，用索子

骸骨檢驗完畢，應從頭顱骨肩頸臆骨起，連同臂腕掌骨和胯骨、腰腿骨、脛骨、膝蓋骨、髀骨，分別左右、標明名稱。肋骨有二十四根，左右各十二根，要分出左右次序，加左第一根，左第二根，右第一根，右第二根等。每根按照次序把名稱寫清楚。脊椎骨二十四節，也要從上到下按一、二、三、四的順序，連同尾蛆骨一起標明。胸前龜子骨、心坎骨也要標明。這樣才易於清點和湊成原形。左右肩、左右胯、左右腕都有蓋骨，通常情況下不把它包括在標記的骨頭數量內，只有當這一部分有損傷，才要標記。這樣，還是在標記各部分骨頭的時候，也把它包括進去為好。標寫清楚後，先用幾層紙把它包起來，再用油紙包裹三四層，用繩交叉紮繫三四處，用印封好，一起裝到一個木桶裡，上面用木板蓋好，然後挖土坑埋掉，並做成墳堆，插上標記，周圍撒上石灰封印。

交眼紮繫作三四處，封頭印押訖，用桶一只盛之，上以板蓋，掘坑埋瘗，作堆標記，仍用灰印。

行在③有一種毒草名曰賤草，煎作膏子售人。若以染骨，其色必變黑黯，粗可亂真。然被打若在生前，打處自有暈痕；如無暈而骨不損，即不可指以為痕，切須仔細辨別真偽。

杭州有一種毒草名叫賤草，有人把它熬成膏汁出賣。如果拿這種膏汁染骨頭，骨頭就會呈現烏黑色，乍看之下和傷痕差不多。如果仔細辨認，就會發現看似生前被打的痕跡處有血印，骨頭又沒有破損，就不能隨便認作傷痕。這種情況，一定要仔細辨別真假。

①薦，草席；藁薦為藁草編成之席。
②烝通蒸。
③行在指天子所在；南宋定都杭州。

醫辨

1. 解剖學將上肢骨分兩部分——肩關節骨及上肢自由關節：肩關節骨包括成對的鎖骨和肩胛骨；上肢自由關節包含肱骨、橈骨、尺骨、手骨。手骨再細分為腕骨（ps-1）、掌骨和指骨。
2. 解剖學下肢骨，分兩部分——髖關節骨及下肢自由關節：髖關節骨包括髂骨、坐骨、恥骨；下肢自由關節包括股骨、髕骨、脛骨、腓骨、足骨。足骨再細分為跗骨（ps-2）、蹠骨和趾骨。
3. 古代「滴血認親」的方法分為兩種。一種叫滴骨法，另一種叫合血法。宋慈指出的滴骨法，三國時期已有文獻記載，作法是將一等親人的血滴在屍體的骨頭，觀察是否滲入。融血法（古裝劇最常出現的橋段），明代文獻開始有紀錄，是指雙方都是活人時，將兩人刺出的血滴在器皿內，看是否凝集為一體。宋為南宋人，可能尚識得合血法。

按滴骨和融血都缺乏依據且不準確，因為骨骼經過較長時間，軟組織腐敗消失，若骨膜（periosteum）腐蝕，滴注任何人的血液都可能滲入。而如果骨膜結構完整、或外圍甚至仍有軟組織時，滴注任何人的血液都難以滲入。對於融血，如果將無血親關係人的血液滴注同一器皿，其實也可能發生凝集反應融合為一。

一九〇〇年，奧地利維也納大學病理研究所的卡爾．蘭德施泰納發現，人的血清對不同人類的紅血球有凝集反應（即是古人所觀察到的融血法）。AB型的紅血球表面有A型＋B型抗原；AB型的血清沒有A型或B型的抗體。因此，若在受血前將捐血者紅血球純化萃取，AB型的人是「萬能受血者」。O型的紅血球表面沒有A或B型抗原。他們的血清對兩種抗原都會產生抗體。因此，若在受血前將將捐血者紅血球純化萃取，O型血的人是「萬能捐血者」。但，O型的人只能接受O型的血。

一九七〇年代發明白血球表面抗原親子鑑定技術，廣受歐美所採用，因為它程序簡單、準確度不差（八〇％）。一九八〇年代發明了染色體DNA鑑定親子關係的新技術，準確率大於九九．九％。染色體DNA（去氧核糖核酸）是人的遺傳物質，終身不變。除了同卵孿生外，沒有人的DNA能完全相同的。DNA親子鑑定的程序：工作人員採集樣本包括血液、毛髮和人體組織等。從樣本中提取DNA。在經過PCR（聚合酶鏈鎖反應）放大複製後，將樣本送入DNA檢測儀檢測（檢測儀會預設DNA上的十六個定位點進行檢錄）。依據西方遺傳學，人類有四十六條染色體DNA，二十三條來自父親精子，二十三條來自母親卵子。故DNA結果出來後，工作人員比較樣本十六個定位點的異同，如果大於三個定位點存在明顯差異則可排除親子關係（若有親子關係，理應十六個定位點完全相同）。①

4. 骨膜（periosteum）為一層致密結締組織膜，覆蓋在骨的非關節面，新鮮骨膜呈粉紅色，含有豐富的血管、神經，通過骨質的滋養孔分布於骨質和骨髓。骨膜分內、外兩層，外層主要是粗大的膠原纖維束，部分纖維穿入骨質，使骨膜固定於骨面；內層酥鬆，有成骨細胞和破骨細胞（專司骨質新生和重塑的功能）。骨膜對骨的營養、生長和損傷後的修復有重要作用。幼年時骨膜功能非常活躍，使骨的表面增厚。成年時轉為靜止狀態，但在骨折時，骨膜又重新恢復功能，參與骨折端的修復癒合。骨膜上分布本體感覺神經，對張力或撕扯的刺激極為敏感，故骨膿腫或骨折時常引起劇痛。

宋慈利用油灌法或塗墨法，目的是尋找骨折裂痕（fracture line）：人體受到外傷，當力道殃及骨頭時，分布在骨膜上的滋養血管必然破裂，造成受力處的瘀血及黑斑。甚至造成骨折裂痕（fracture line），如同宋慈所形容：細得像頭髮絲一樣，這也像陶器上的裂紋，並不十分明顯，若骨頭上有這種裂紋，也是生前損傷的明證。骨膜的瘀血跟骨折裂痕必須能互相對應，才不是偽造的傷勢。

① 參考資料：http://0rz.tw/RoUoB; http://0rz.tw/baFFj。

宋慈指煮骨不能用錫器，骨頭會變成烏黑顏色：推估在錫器中加酸又加熱煮滾，很容易發生化學反應，形成藍黑色的氧化錫或紅色有機硫化錫。影響對骨傷的判斷。

5.分析四肢骨的重要性在於他殺掙扎或鬥毆傷時多有損傷。另外在辨認無名屍或腐爛屍時，可藉由生前的殘肢、截肢、骨折手術等線索提供給家屬及醫院，用以查明身分。

醫學小知識

1.腕骨（**carpal**）：共八塊排成近端遠端二列。近端腕骨：舟狀骨、月骨、三角骨、豆狀骨；遠端腕骨：大菱形骨、小菱形骨、頭狀骨、鉤骨。掌骨（**metacarpal**）：五塊，連接指骨用。手指骨（**phalanges**）：共十四塊。拇指有二節，其餘各指三節，三節可分為近端指骨、中節指骨和遠端指骨。

2.跗骨（**tarsal**）：七塊，屬短骨。分前、中、後三列。後列有上方的距骨和下方的跟骨；中列為位於距骨前方的足舟骨；前列為內側楔骨、中間楔骨、外側楔骨及跟骨前方的骰骨。蹠骨（**metatarsal**）：五塊，連接腳趾骨用。腳趾骨（**phalanges**）：共一四塊。大腳趾為二節，其餘各趾為三節。

3.成人骨骼由有機物（膠原纖維和黏多糖蛋白，佔骨總重量三〇～四〇％）和無機物（主要是磷酸鈣、碳酸鈣、氟化鈣，佔骨總重量六〇～七〇％）構成，骨的有機物使骨具有韌性，而無機物使骨具有硬度，骨整體的彈性和硬度也就是由這兩種化學成分的比例而決定。成人骨骼無機物大於有機物，這樣的比例使骨較堅固較硬，但易骨折（每平方公分的股骨能承受一七〇～二二〇千克的抗壓強度）。由於兒童的骨是有機成分大於無機成分，故硬度差，雖不易骨折，但卻容易彎曲變形。

十九、自縊

【原文】

自縊身死者，兩眼合，唇口黑，皮開露齒。若勒喉上即口閉，牙關緊，舌抵齒不出。又云齒微咬舌。若勒喉下則口開，舌尖出齒門二分至三分。面帶紫赤色，口吻兩角及胸前有吐涎沫，兩手須握大拇指，兩腳尖直垂下。腿上有血蔭，如火灸班痕，及肚下至小腹並墜下青黑色。大小便自出，大腸頭或有一兩點血。喉下痕紫赤色，或黑淤色，直至左右耳

【譯文】

上吊自殺死的，兩隻眼睛閉著，嘴唇發黑，唇皮張開，牙齒露出。如果繩索勒在喉結上面，死者嘴巴和牙關緊閉，舌頭抵住牙齒而不露出；或者牙齒咬住舌頭一點點。如果繩索勒在喉結下面，嘴巴就會張開，舌尖露出二分至三分。死者面帶紫紅色，嘴邊兩角有濃稠的口水垂掛到胸面前；兩手握著大拇指，兩腳尖直垂下，腿上有血印，好像火灼的一樣；肚皮下面直到小腹也因血墜而有青黑色的屍斑；大小便自動流出來，大腸頭有時有一兩滴血。頸（喉）部的紫痕縊死索溝是紫紅色，有時是瘀血黑色，一直延伸到左右耳朵後的髮際。這道索痕長約九呎到一尺多一點；有的說男人索痕長一尺一寸，女人長一尺。如果死者雙腳懸空，頸（喉）部的索

後髮際，橫長九寸以上至一尺以來。一云丈夫合一尺一寸，婦人合一尺。脚虛，則喉下勒深；實，則淺。人肥則勒深；瘦則淺。用細緊麻繩、草索在高處自縊，懸頭頓身致死則痕跡深；若用全幅勒帛及白練項帕等物，又在低處則痕跡淺。低處自縊，身多臥於下，或側，或覆。側臥其痕斜起橫喉下；覆臥其痕正起，在喉下，起於耳邊，多不至腦後髮際下。

自縊處須高八尺以上，兩脚懸虛，所踏物須倍高，如懸虛處。或在床、椅、火爐、船

痕就深；如果還沒有完全離開所踏的東西，索痕就較淺。肥胖人索痕深，瘦的人索痕淺。用細緊的麻繩、草索在很高的地方上吊，身體完全吊在繩子上死的，索痕深；如果用全幅未裁的綢子或白細綢、領巾等吊在低的地方，索痕就淺。在低的地方上吊，身體多半躺著，有的側著身子，有的仆著。側著身子的，索痕傾斜地橫在頸（喉）部；仆著身子的，索痕兩邊對稱，從頸（喉）部到耳朵邊即止，一般都不到腦後髮際下。

上吊自殺，吊的地方一般應高於八尺以上。兩腳懸空的，墊腳的東西應比腳離地的一段高一倍。如果自縊在床欄杆、椅子、火爐上、船艙內，只要這些地方有兩

倉內，但高二三尺以來，亦可自縊而死。

若經泥雨，須看死人赤腳或著鞋，其踏上處有無印下腳跡。

自縊有活套頭、死套頭、單繫十字、纏繞繫。須看死人踏甚物入頭在繩套內，須垂得繩套寬入頭方是。

活套頭，腳到地並膝跪地亦可死。死套頭，腳到地並膝跪地亦可死。單繫十字，懸空方可死。腳尖稍到地亦不死。

單繫十字，是死人先自用繩帶自繫項上後，自以手繫高處，

三尺高，也能吊死人。

下雨天，如果死者曾從泥濕的地方走過，應該檢驗死者是赤腳還是穿鞋，墊腳的東西上有沒有留下腳印。

上吊自殺，繩套有可以滑動的活套頭、不能滑動的死套頭、單繫十字、纏繞繫等數種。檢驗時，應該看死者是用什麼東西墊腳才把頭伸進繩套裡，而且垂下的繩套還必須大於死者的腦袋，死者能把腦袋伸進去，才是真自縊。

用活套頭上吊，死者腳接觸地或者跪在地上，都可以吊死。用死套頭上吊，死者腳接觸地面或者跪在地上，也可以吊死。單繫十字套頭，人要懸空才能吊死；如果腳接觸地面，一般吊不死。所謂單繫十字，就是死者先用繩帶拴在頸項上，再把另一頭用手繫在高處。這類自縊，一定要看上頭拴繫地方的灰塵痕跡，以及死者

須是先看上頭繫處塵土，及死人踏甚處物，自以手攀繫得上向繩頭著方是。上面繫繩頭處，或高或大，手不能攀，及不能上，則是別人吊起。更看所繫處物伸縮，須是頭墜下，去上頭繫處一尺以上方是。若是頭緊抵上頭，定是別人吊起。

纏繞繫，是死人先將繩帶纏繞項上兩遭，自踏高繫在上面，垂身致死。或是先繫繩帶在梁棟或樹枝上，雙襩①垂下，踏高入頭在襩內，更纏過一兩遭。其痕成兩路，上一路纏過耳後，斜入髮際；下一路

用什麼東西墊腳要能攀得上去繫繩才是。假使上面栓繫繩頭的地方太高或者太大，死者雙手搆不上，拴不上去，那就是別人把她吊上去的。還要看所栓繫的繩帶的伸縮情況，一定要垂下的套頭離拴繫的地方有一尺以上，才是自縊。如果套頭緊緊抵住吊的地方，就一定是別人吊起來的。

所謂纏繞繫，是死者先用繩帶在頸項上纏繞兩道，自己用東西墊腳，拴繫在高處，垂吊而死。或者是先把繩帶拴繫在樑上或樹枝上，繩套垂下來，用東西墊腳把頭套進繩套哩，在頸項上再纏繞一兩道。這樣吊死的，必有兩道索痕；上一道纏過耳朵後，斜向髮際，就消失了；下一道平繞頸一圈。檢驗人員和差役遇到這樣複雜的情況，怕說不清楚，常常會請求檢驗官允許只報一道

平繞項。行吏畏避駁雜，必告檢官，乞只申一痕，切不可信。若除了上一痕不成自縊，若除下一痕，正是致命要害去處。或複檢官不肯相同，書填格目，血屬有詞，再差官複檢出，為之奈何？須是據實，不可只作一條痕檢。其相疊與分開處，作兩截量，盡取頭了，更重將所繫處繩帶纏過，比並闊狹並同，任從複檢，可無後患。

凡因患在床仰臥，將繩帶等物自縊者，則其屍兩眼合，兩唇皮開，露齒咬舌，出一分至二分，肉色黃，形體瘦，兩

索痕。對於這樣的請求，千萬不能答應。因為，要是不上報另一道索痕，就看不出自縊的特徵——八字不交，而下一道索痕又正是致命要害所在，所以兩道索痕都不能不報。如果照差役們的打算只報一道，假使複驗官不肯盲目贊同，而是照實填寫在複驗報告書上，死者親屬又有意見，那時再派第三個檢驗官檢驗出來，該怎麼辦呢？所以還是據實報告最穩妥，不能把隨便兩道索痕當作一道檢驗。兩道索痕重疊和分開的地方，要分別量好，把貼肉地方的繩帶起訖處做成記號，再把這段繩帶在頸項上照原樣纏繞，把長短闊狹對驗清楚。這樣不管怎樣複驗都不會產生麻煩問題。

凡是因為害病，仰身躺在床上，自己用繩帶等勒死的，這樣的屍體兩眼閉著，嘴唇張開，露出牙齒，咬住舌頭，舌頭露出尺外一兩分；皮膚蠟黃色，身體瘦弱，兩手握拳，肛門有糞便流出；左右兩手多是把繩帶拉得

手拳握，臂後有糞出，左右手內多是把自縊物色至繫緊，死後只在手內。須量兩手拳相去幾寸以來，喉下痕跡紫赤，周圍長一尺餘，結締在喉下，前面分數較深。曾被救解，則其屍肚脹，多口不咬舌，臂後無糞。

若真自縊，開掘所縊腳下穴三尺以來，究得火炭②，方是。

或在屋下自縊，先看所縊處，楣梁枋桁之類，塵土滾亂至多方是。如只有一路無塵，不是自縊。

先以杖子於所繫繩索上輕

緊緊的，死後仍捏在手裡。檢驗的時候，應該度量兩個拳頭相距幾寸，這樣的屍體頸（喉）部下索痕成紫紅色，周圍長一尺多，繩結在喉下，前面索痕較深；如果曾被解救過，則肚皮發脹，牙齒多不咬舌，肛門口也沒有糞便流出。

如果確實是上吊自殺的，把死者腳底下泥土挖深三尺左右，就會發現木炭，有這樣東西，才是真正的自縊無疑。

如果是屋下自縊，應先驗看上吊的地方，像樑棟和各種橫木等，其上面的塵埃滾亂了很多處，才是真正自縊死的。如果只有一處沒有塵埃，就不是自縊。

檢驗是否自縊，可先用手杖在所繫繩索上輕輕敲打

輕敲，如緊直乃是。或寬慢即是移屍。大凡移屍別處吊掛，舊痕挪動，便有兩痕。

凡驗自縊之屍，先要見得在甚地分、甚街巷、甚人家、何人見？本人自用甚物？於甚處搭過？或作十字死襀繫定；或於項下作活襀套。卻驗所著衣新舊，打量身四至，東、西、南、北至甚物？面覷甚處？背向甚處？其死人用甚物踏上？上量頭懸去所吊處相去若干尺寸？下量脚下至地相去若干尺寸？或所縊處雖低，亦看頭上懸掛索處，下至所離處，並量相去若干尺寸？對眾

幾下，如果繩索綳得緊緊的就是真自縊；如繩索比較鬆緩的就是移屍。大凡把自縊的屍體再移到別的地方懸掛起來，原來勒的繩索經過移動，就會出現兩道索痕。

凡是檢驗上吊自殺的屍體，先要查明吊在哪個行政區域？哪條街巷？哪戶人家？是誰先發現的？用什麼東西吊死的？吊在什麼地方？是打十字死結的還是在頸項上作活結套？再驗死者穿著的衣服是新是舊？打量陳屍現場的四面地界，東、西、南、北向有什麼東西？臉朝哪裡？背向哪裡？死者是用什麼東西墊腳的？上面要測量垂掛下的腦袋距所吊的地方長？下面要測量腳離地面有多遠？即便上吊的地方很低，也要把這個距離量清楚；然後當著大家的面把屍體解下來扛到露天或明亮地方，才能把繩套解掉，測量繩索全長多少？再量套在頸項上的那一段繩索有多長？再量索痕，從喉部量到耳朵後髮際索痕消失的地方為止，看索痕有多廣？斜度長寬各多少？然後依法檢驗。

解下，扛屍於露明處，方解脫自縊套繩，通量長若干尺寸，量圍喉下套頭繩圍長若干？項下交圍，量到耳後髮際起處，闊狹、橫斜長短？然後依法檢驗。

凡驗自縊人，先問原申人，其身死人是何色目人？見時早晚？曾與不曾解下救應？申官時早晚？如有人識認，即問自縊人年若干？作何經紀？家內有甚人？卻因何在此間自縊？若是奴僕，先問僱主討契書辨驗，仍看契上有無親戚？年多少？更看原吊掛蹤跡去處。如曾解下救應，即問解下

凡是檢驗上吊自殺的，要先訊問原報案人，問清楚死者身分，什麼時候發現的？有沒有解下來救治過？什麼時候報案的？如果有人認識死者，就要問清楚死者年紀多大？什麼職業？家中還有什麼人？為什麼在這裡上吊？如果是奴僕，要先叫雇主拿契約書來審視，看契約書上寫的親戚是誰？年齡多少？再到現場驗看吊掛的位置、痕跡等。如果發現解下來救治過，就要問清楚解下的時候，還有沒有心跳、脈搏？解下大概多久才死？這些一定要弄仔細。

時有氣脈無氣脈，解下約多少時死，切須仔細。

大凡檢驗未可便作自縊致命，未辨仔細。凡有此只可作其人生前用繩索繫咽喉下或上要害，致命身死。以防死人別有枉橫。且如有人睡著，被人將索勒死，吊起所在，其檢官如何見得是自縊致死？宜仔細也！

多有人家女使、人力，或外人於家中自縊，其人不曉法，避見臭穢及避檢驗，遂移屍出外吊掛，舊痕移動，致有兩痕。舊痕紫赤有血蔭，移動痕只白色無血蔭。移屍事理甚

一般若不是很有把握，檢驗後不要馬上作出自縊致死的結論。面對這種情況，大概只能說此人是生前用繩索繫在喉結下或喉結上要害部位致命身死的，這是為了防止死者有被謀害冤死的可能。比如說有人睡著，被人用繩索勒死吊掛起來，這種情況，檢驗官怎麼能斷定死者是上吊自殺的呢？所以應該要慎重仔細！

常常有些人家的女婢、男工或工人在家裡上吊自殺，主人不懂法律，為了避免屍體發臭汙穢以及官府檢驗所招來的麻煩，就偷偷地移屍到外面去吊掛起來。這樣經過移動，後原來的一道索痕就會變成兩道。原本自縊的索痕是紫紅色有血印，移動後的索痕是白色沒有血印。這般移屍的情節是很明顯的，應該追究他的法律

分明，要公行根究，開坐生前與死後痕。蓋移屍不過杖罪，若漏落不具，複檢官不相照應，申作兩痕，官司必反見疑，益重干連人之禍。

屍首日久壞爛，頭吊在上，屍側在地，肉潰見骨。但驗所吊頭，其繩若入槽——謂兩耳連頷下深向骨本者。及驗兩手腕骨、頭腦骨，皆赤色者是。一云齒赤色，及十指尖骨赤色者是。

責任。檢驗屍體的時候，要將生前痕和死後索痕都寫清楚。這是因為移屍的罪責不過是打幾下板子；如果把兩道索痕只報一道，漏掉一道，而複驗官驗的又不一樣，照實報出兩道索痕。初複驗不一致，審判官必然起疑，就更要加重那些關係人的責任了。

上吊死的，日子久了沒被發現，屍體腐爛，腦袋還掛在繩索上，屍身卻分離斜躺在地上，皮肉爛到能看見骨頭。這樣的屍體，只要檢驗還掛著的腦袋，要是繩索嵌進皮肉如一道溝槽——兩耳朵後連頷巴下形成的溝槽深可見骨；還能驗出兩手腕骨、腦顱骨，都呈現深紅色，就可斷定是自縊死的；另一種說法，這樣自縊死的屍體，牙齒和十指尖骨都變成深紅色。

①繢又作繪，指紐、繩結。
②宋朝南方土葬習慣將土坑燒熱，得一塊熱土，往生者下葬後可加速其投胎；自縊者不求今生求來世，亦先在足下掘穴燒炭，故。

二十、被打勒死假作自縊

【原文】

自縊，被人勒殺或算殺假作自縊，甚易辨。真自縊者，用繩索帛之類繫縛處，交至左右耳後，深紫色，眼合唇開，手握齒露，縊在喉上則舌抵齒，喉下則舌多出，胸前有涎滴沫，臀後有糞出。若被人打勒殺，假作自縊，則口眼開，手散髮慢，喉下血脈不行，痕跡淺淡，舌不出，亦不抵齒，項上肉有指爪痕，身上別有致命傷損去處。

【譯文】

上吊自殺的案件中，有被勒死或打死，偽裝成自縊的，這類情況其實是很容易辨別清楚的。真的自縊，用繩索、綢巾等東西壓迫後，即形成斜向至左右耳後的深紫色索痕；死者眼睛閉著，嘴唇張開，兩手握拳，牙齒露出；繩索壓在喉結上面，舌尖抵住牙齒，繩索壓在喉結下面的，一般舌頭都會伸出來；胸前有濃稠口水滴掛，肛門有糞便流出。如果是被人打死、勒死後假裝自縊的，一般都嘴巴張開，眼睛睜著，手掌舒張，頭髮蓬亂，頸（喉）部因死後血液循環停止，索痕淺而淡，舌頭不會伸出來，也不會抵住牙齒，頸項上有指甲抓掐過的傷痕；另外身上還有致命傷損的地方。

惟有生勒未死間，即時吊起，詐作自縊，此稍難辨。如跡狀可疑，莫若檢作勒殺，立限捉賊也。

凡被人隔物，或窗櫺或林木之類勒死，偽作自縊，則繩不交，喉下痕多平過，卻極深黑黯色，亦不起於耳後髮際。

絞勒喉下死者，結締在死人項後，兩手不垂下，縱垂下亦不直，項後結交，卻有背倚柱等處或把衫襟皺著，即喉下有衣衫領黑跡，是要害處氣悶身死。

凡檢被勒並死人，將項下勒繩索，或是諸般帶繫，臨時

只有當死者被活活地勒到半死的時候，馬上就用繩索吊起來，假裝自縊身死的情況比較難辨別。如果現場情況可疑，不像自縊的，還是暫定作被勒死，再限期追緝兇手到案。

凡是被人隔著堅硬的傢伙，像窗櫺、樹幹之類的東西勒死，然後假裝自縊的，頸（喉）部的索痕不相交，一般都是平行的，但勒痕卻很深，呈深黑色，也不會斜伸到耳朵後髮際。

被人勒死的，繩結一般都在死者頸部，死者兩手不會自然下垂，即使下垂也不是打直的，而且頸部有繩結交錯的壓痕，也因為後面頂著柱子等硬物，把衣服給壓皺，造成皺布壓出的瘀血痕，這都是要害處被勒住，窒息而死的樣態。

凡是檢驗被勒死的人，對於頸項部繩索或布帶繫紮的情況，纏繞的道數，檢驗時都要交代清楚。凡是

仔細聲說，纏繞過遭數，多是於項後當正或偏左右繫定，須有繫不盡垂頭處。其屍合面地臥，為被勒時爭命，須是揉撲得頭髮或角子散慢，或沿身上有搕擦著痕。凡被勒身死人，須看覷屍身四畔①，有扎磨蹤跡去處。

又有死後被人用繩索繫扎手腳及項下等處，其人已死，氣血不行，雖被繫縛，其痕不紫赤，有白痕可驗。死後繫縛者，無血蔭，繫縛痕雖深入皮，即無青紫赤色，但只是白痕。

用繩索在項頸上纏繞的，一般都在項部的正中或偏左、右的地方打結，應該還會有剩餘的繩頭垂著。屍體仆倒在地上的，是因為被勒時掙扎，這樣的屍體，在掙扎後會弄到頭髮散亂或身上的財物零錢散落一地，身上許多地方還可能有碰擦的傷痕。只要檢驗被勒死屍，就應該仔細勘察現場，死者掙扎時在四周圍所留下的各種痕跡。

又有一種死後才被人用繩索繫紮手腳和頸項等處的情況，因為死後血液循環停止，被綁紮地方的壓痕不是紫紅色，卻是白色的。這就證明是死後綁縛的。死後綁縛的，沒有血印，即使綁得很緊，壓得很深，也是白色的，沒有青紅紫色。

有用火篦②烙成痕，但紅色或焦赤，帶濕不乾。

有人用燒紅的火篦在屍體頸項上烙成痕跡，偽造生前自縊的索痕，這也很容易辨別出來。這種傷痕成紅色或焦紅色，還帶些水份，不像生前自縊痕是乾的。

①四畔指四邊、周遭。
②火篦即爐篦，爐中用以通風並篩漏灰燼的柵形物。

醫辨

1. 前文已分析過懸吊與絞勒的差別，以及繩結在喉下舌出，喉上舌不出之原因。懸吊：舌骨及甲狀軟骨完整、壓痕多在甲狀軟骨以上、頸部V型壓痕（由下至上則由深轉淺）。絞勒：舌骨及甲狀軟骨破損、壓痕多在甲狀軟骨以下、頸部水平壓痕（除繩結外深度均勻）。
2. 宋慈指：「高處自縊，懸頭頓身致死則痕跡深；若用全幅勒帛及白練項帕等物，又在低處則痕跡淺」，自殺者受力全身體重稱為完全懸吊（complete hanging）；若受力部分體重則稱不完全懸吊（incomplete hanging）。完全懸吊者可推想，必須選擇高處上吊。頸部因完全受力，繩索壓跡明顯，除了下巴，大多在耳後髮際線還能見到痕跡。C2頸椎移位斷裂、下頦血管塌陷。
3. 受力後身體結構塌陷由輕到重依序為：頸靜脈（Jugular vein）二公斤、頸動脈（Carotid artery）五公斤、氣管（Trachea）十五公斤、椎動脈（Vertebral artery）一六・六公斤。
4. 上吊繩繞頸方式可分為典型、非典型：典型方式為繩套掛在頸頦下正中央，左右對稱越過下頜骨角（Mandibular angle）後下方達枕後區（Occipital part），典型縊死因為雙側頸靜脈與頸動脈同時閉塞血液無法輸送，死者顏面多呈蒼白。非典型縊死，因頸部大血管僅單側或不完全塌陷，血液可部分輸送但又被嵌頓滯留於顱顏，故則顏面多發紫。

5. 不論是懸吊、絞勒、異物阻塞（Suffocation）、摀口鼻部（Smothering），皆可能有窒息症狀出現：顏面發紺（Cyanosis）、面部皮膚和眼結膜點狀出血（Petechia hemorrhage）、肺部水腫（Pulmonary edema）、內臟瘀血、漿膜和黏膜點狀出血、脫糞（Stool discharge）、精液排出。故是否脫糞並不能分辨自縊或絞勒。因脫糞是因副交感迷走神經亢進（parasympathetic tone）誘發肛門括約肌鬆弛，自縊或絞勒都會造成此種反應。

6. 醫學上，上吊真正能直接造成猝死的機轉是因為脊髓損傷，而非窒息或氣道阻塞。窒息或氣道問題僅能造成大腦缺氧（可承受至少三—五分鐘），但C2或C3的頸椎滑脫或骨折可直接切斷脊髓之橋腦延腦區（pontomedullary transection），這裡裡面有許多神經核管控生命中樞。切斷此部位的瞬間才是造成上吊直接猝死的死因。①

① 參考資料：eMedicine: Hanging Injuries and Strangulation; Forensic science international。

二十一、溺死

【原文】

若生前溺水屍首，男仆臥，女仰臥。頭面仰，兩手兩腳俱向前，口合，眼開閉不定，兩手拳握，腹肚脹，拍作響。落水則手開，眼微開，肚皮微脹。投水則手握，眼合，腹內急脹。兩腳底皺白不脹。頭髻緊，頭與髮際、手腳爪縫或腳著鞋，則鞋內各有沙泥。口鼻內有水沫，及有些小淡色血汙，或有搕擦損處。此是生前溺水之驗也。蓋其人未死必

【譯文】

生前溺死的，屍體在水裡，男的仆俯著，女的仰臥著。一般頭部都仰抬著，兩手兩腳向前伸，嘴巴閉著，眼睛有開有閉，兩手握拳，腹部膨脹，拍起來有響聲，失足落水死的五指張開，眼睛微睜著。腹部有些膨脹；投水自殺的手握拳，眼睛閉，肚皮脹得很大；兩腳板底發白，皮皺而不脹；頭上髮髻仍然緊結不散，頭髮叢裡、手腳指（趾）甲縫裡以及穿鞋的鞋裡都是沙泥。嘴和鼻孔裡都有許多水泡流出，有些還帶著淡紅色的血沫；有的屍身上還有撞破擦破的傷痕。這都是生前溺死的特徵。因為人落水後必然掙扎，忍不住要呼吸，水也隨著吸進腸胃裡，所以兩手自然卷曲著，趾（指）甲縫裡卡有沙泥，嘴和鼻孔裡有細小泡沫流出，腸胃裡灌滿

須爭命，氣脈往來，搐水入腸，故兩手自然拳曲，腳縫①各有沙泥。口鼻有水沫流出，腹內有水脹也。

若檢複遲，即屍首經風日吹曬，遍身上皮起，或生白皰。若身上無痕，面色赤，此是被人倒提水揾死。若屍面色微赤，口鼻內有泥水沫，肚內有水，腹肚微脹，真是淹水身死。若因病患溺死，則不計水之深淺，可以致死，身上別無它故。若疾病身死，被人拋掉在水內，即口鼻無水沫，肚內無水，不脹，面色微黃，肌肉微瘦。

了水而膨脹。

如果延遲了些日子才檢驗，屍體撈起後經過風吹日曬，渾身表皮就會脫落，或者冒出一些白色的皰。淹死屍，如果身上沒有發現損傷，面色卻呈紅紫色，這是被人倒拘在水裡浸死的。如果屍體臉面呈淡紅色，嘴和鼻孔裡有泥水泡沫流出，腸胃裡有水，腹部有些膨脹。有這些特徵，就可以斷定確實是生前溺死。如果因為受疾病折磨，投水自殺，那不論水有多深多淺，都可能致命。這樣死的，身上沒有傷痕。病死的人，如果被人拋到水裡，則嘴和鼻孔裡不會有水泡，腸胃裡也沒有水，腹部也不脹，面呈淡黃色，身體較瘦。

若因患倒落泥渠內身死者，其屍口眼開，兩手微握。身上衣裳並口、鼻、耳、髮際並有青泥汙者，須脫下衣裳，用水淋洗，酒噴其屍，被泥水淹浸處，即肉色微白，肚皮微脹，指甲有泥。

若被人毆打殺死，推在水內，入深則脹，淺則不甚脹；其屍肉色帶黃不白，口眼開，兩手散，頭髮寬慢，肚皮不脹，口眼耳鼻無水瀝流出，指爪罅縫並無沙泥，兩手不拳縮，兩腳底不皺白，卻虛脹。身上有要害致命傷損處，其痕黑色，屍有微瘦。臨時看驗，

如果因為害病身不由己，摔倒在泥水溝裡死亡的，屍體的嘴和眼睛會張開，兩手稍微握著。身上衣服和口裡、鼻孔裡、耳朵裡、頭髮叢裡都沾有黑色泥汙的，應該脫下衣服，用水淋洗，再用酒噴灑屍體。被泥水浸沒的地方，即可發現皮膚有點發白，腹部有點膨脹，指甲縫裡有泥污。

如果被人打死後拋在水裡，水泡得深，則屍身會發脹，水若淺則屍體就不太發脹；屍體皮膚呈淡黃色而不發白，口、眼開著，兩手舒張，頭髮散亂，腹部不發脹；口、眼、耳和鼻孔裡沒有水滴流出，指甲縫裡也沒有沙泥；兩手不會卷曲，兩腳板底也不發皺發白，但卻有點浮腫的樣子。屍身上應該要有要害致命的傷損痕跡，呈黑色，屍體稍瘦。臨場檢驗的時候，如果驗出身上有損傷，要把這些傷痕一一登記清楚。即使是被毆打後自行投水死的，也要捉拿所有關係人，送官府追究。

若檢得身上有損傷處，錄其痕跡，雖是投水，亦合押合干人赴官司推究。

諸自投井，被人推入井，自失腳落井，屍首大同小異，皆頭目有被磚石磕擦痕，指甲毛髮有沙泥，腹脹。側臥之，則口內水出。別無它故，只作落井身死，即投井、推入在其間矣。所謂落井小異者，推入與自落井則手開眼微開，腰身間或有錢物之類；自投井則眼合手握，身間無物。

大凡有故入井，須腳直下，若頭在下，恐被人趕逼，

投井自殺，被人推入井裡害命及自己失足落井身死等各種屍體，樣子大同小異。三者都有頭或眼睛被磚石碰擦的傷痕，指甲縫和頭髮叢裡有沙泥，腹部膨脹。屍體側著或俯伏著，嘴裡有水流出。如果沒有其他明顯的特徵，只能籠統地定做落井身死，這樣就包括投井自殺和被人推跌落井等情況。不過這中間還是稍微有差別。被推跌和自己失足落井的，手是舒張的，眼睛稍微睜開，腰包裡可能有錢財等東西；投井自殺的，則眼睛緊閉，手握拳，身上沒有財物。

一般來說，自己投井的，雙腳直插井底；如果頭部朝下面，可能是被人追趕，倉皇投入，或被人推跌進

或它人推送入井。若是失腳，須看失腳處土痕。

自投河、被人推入河，若水稍深闊則無磕擦沙泥等事；若水淺狹，亦與投井、落井無異。大抵水深三四尺皆能淹殺人，驗之果無它故，只作落水身死，則自投、推入在其間矣。若身有繩索及微有痕損可疑，則宜檢作被人謀害，置水身死。不過立限捉賊，切勿恤一捕限，而貽罔測之憂。

諸溺河池——行運者謂之河，不行運者謂之池。檢驗之時，先問原申人早晚見屍在水內？見時便只在今處，或自漂

去的。如果是失足落井，應檢驗失腳地方的泥土痕跡。

投河自殺和被人推到河裡淹死的，如果河水比較深闊，屍身上就沒有碰擦傷痕，指甲縫裡、頭髮叢裡也沒有沙泥。如果河水比較淺窄，屍體情況和投井、落井差不多。一般來說，河水大約有三四尺深就能淹死人。檢驗的時候如果驗不出其他損傷，只能籠統地定做落水身死，這樣也包括自己投河和被人推下河等情況。如果身上綑有繩索，或稍微損傷等可疑的地方，就應該檢驗作被人謀害，拋在水裡淹死。這樣，不過就只多了一個限期緝兇破案的工作，但切不可為了可以少發一個破案的限令而留下難以預料的後患。

掉在河、池裡溺死的屍體——能航行水運的叫河，不能的叫池，檢驗的時候，先問原報案人什麼時候看見屍體在水裡？看見的時候屍體就停在那裡還是從別地漂流過來？如果是漂流來的，就要問明是從哪個方向漂來

流而來？若是漂流而來，即問是東、西、南、北？又如何流到此便住？如何申官？如稱見其人落水，即問當時曾與不曾救應？若曾救應，其人未出水時已死，或救應上岸才死？或即申官，或經幾時申官？

若在江、河、陂②、潭、池塘間，難以打量四至，只看屍所浮在何處。如未浮打撈方出，聲說在何處打撈見屍。池塘或坎阱有水處可以致命者，須量見淺深丈尺，坎阱則量四至。江、河、陂、潭屍起浮或見處地岸，並池塘坎阱係何人所管，地名何處。

的？為甚麼漂到這裡便停住了？怎樣向官府報告的？如果報案人說親眼看見死者落水，就要問當時有沒有搶救？如果曾進行過搶救，那是救上岸時就斷了氣還是上岸後才斷氣的？是立即報告官府還是拖了一段時間才報案？

如果屍體在江、河、陂、潭、池裡飄浮，水面寬闊，難以標明四邊地界的，只需把屍體漂浮的位置勘驗清楚。如果屍體並未浮出水面，而是打撈出來的，就應該問清楚屍體是在什麼地方打撈起來的？如果在池塘裡或坑洞裡，有積水可以淹死人，就應該量出水深多少，坑洞還要量出四面接界地方。還要查清楚江、河、陂、潭裡的屍體，在浮起或發現地方的岸頭地段，以及發現屍體的池塘、坑洞是什麼人所有或什麼人所使用？地名為何？

諸溺井之人，檢驗之時，亦先問原申人，如何知得井內有人？初見有人時，其人死未？既知未死，因何不與救應？其屍未浮，如何知得井內有人？若是屋下之井，即問身死人自從早晚不見？卻如何知在井內？凡井內有人，其井面自然先有水沫，以此為驗。

量井之四至，係何人地上？其地名甚處？若溺屍在底，則不必量，但約深若干丈尺，方攎③屍出。

屍在井內，滿脹則浮出尺餘，水淺則不出。若出，看頭或腳在上在下，先量尺寸。

對於在井裡溺死的屍體，檢驗的時候，也要先詢問原報案人是怎麼知道井裡有人的？當他發現有人的時候，人死了沒有？如果知道沒有死，為什麼不進行搶救？屍體還沒有浮上來，怎麼知道井底有人？如果是屋邊的井，就要問死者是什麼時候不見的？又怎麼知道他在井裡？凡是井裡有死人，井面必然浮有泡沫，以此便可作為測知井底有沒有人的線索。

此外，還要量出井的四面接界地方，這些地方是誰家的？地名叫什麼？如果屍體沉在井底，就不必量深淺，只需大概估量一下多少深，再把屍體撈出來。

屍體在井裡，如果已經膨脹，就會浮出水面一尺多，水淺則屍體不會浮出。如果浮出來，就要看頭或腳朝上還是朝下，先量水深尺寸。如果沒有浮出，也要用

不出，亦以丈竿量到屍近邊尺寸，亦看頭或腳在上在下。

檢溺死之屍，水浸多日，屍首胖脹，難以顯見致死之因，宜申說頭髮脫落，頭目胖脹，唇口番張，頭面連遍身上下皮血，並皆一概青黑褪皮。驗是本人在井或河內，死後水浸，經隔日數，致有此。今來無憑檢驗本人沿身有無傷損它故，又定奪年顏形狀不得，只檢得本人口鼻內有沫，腹脹。驗得前件屍首委是某處水溺身死，其水浸更多日，無憑檢驗，即不用申說致命因依。

初春雪寒，經數日方浮，

竹竿量到屍體近邊的水深尺寸，還要看頭或腳是朝上還是朝下。

檢驗溺死的屍體，如果被水浸久了，屍體臭脹，看不出明顯的致死原因，檢驗書上報告書可以寫頭髮脫落，頭面臭脹，嘴唇翻出，屍體渾身上下都成青黑色，表皮脫落。驗明確是本人在井裡或河裡，死後水浸，經隔多日，所以呈現這種形狀。現在無法驗出死者遍身有沒有損傷或其他致命原因。容貌形狀如何，多少年紀也看不出來，只驗得嘴和鼻孔裡有泡沫，腹部發脹；確實是在某處淹死的，因浸水太久，無法檢驗。用不著說明是怎樣致命的。

春初氣候寒冷，屍體要幾天後才能浮出水面，和春

與春夏秋末不侔④。

凡溺死之人，若是人家奴婢或妻女，未落水先已曾被打，在身有傷，今次又的然見得是自落水或投井身死，於格目內亦須分明具出傷痕，定作被打復溺水身死。

投井死人，如不曾與人交爭，驗屍時面目頭額有利刃痕，又依舊帶血，似生前痕，此須看井內有破瓷器之屬，以致傷著。人初入井時，氣尚未絕，其痕依舊帶血，若驗作生前刃傷，豈不利害！

夏秋末不一樣。

凡是溺死的人，如果是人家的奴婢或妻女，沒有落水前就曾被毆打，身上有傷，現在又驗出確實是自己跳到水裡或投井自殺身死，在驗屍報告裡也要寫清楚所有傷痕，作出被打後投水自殺的結論。

投井自殺的人，如果不曾與人爭鬥，檢驗的時候頭部、面部發現有銳器傷，且還帶有血跡，好像是生前所傷。遇到這種情況，應該檢查井裡有沒有破瓷器之類的鋒利東西，是不是投井時被這類東西劃到。因為人剛落井時還有氣息，被劃傷就必然帶血。這類情況，如果驗成生前銳器傷，追究牽連起來，豈不要命！

① 罅縫，細縫。
② 陂指用以灌溉養殖的陂塘。
③ 摝指撈起。
④ 侔，相當。

醫辨

宋慈指出溺死者男仆女仰，一說是因為男性下半身較重，女性上半身脂肪較多，但其實沒有一定。按東方女性普遍下半身脂肪多，也有可能出現浮屍男仰、上半身在水面，女仆、下半身在水面的情況。

卷四

二十二、驗他物及手足傷死

【原文】

律云：「見血為傷。非手足者，其餘皆為他物，即兵不用刃亦是。」

傷損條限：「手足十日，他物二十日。」鬥訟敕：「諸齧人者，依他物法。」

元符敕《申明刑統》：「以靴鞋踢人傷，從官司驗定。堅硬即從他物，若不堅硬

【譯文】

法律規定：「見血為傷，除了手腳打踢的而外其餘都為他物傷，就是兵器不用鋒刃的也算是。」

傷損的法定責任擔保期限：「手足打傷的十天，他物打傷的二十天。」若遇人爭訟，要敕示：「凡咬人的，依照『他物法』處理。」

宋哲宗元符年間頒敕的《申明刑統》規定：「用靴鞋踢人的，由官吏檢驗確定，如果靴鞋堅硬，就按『他物』處理，如果不堅硬，就難作『他物』看待。」或

即難作他物例。」或額、肘、膝拶，頭撞致死，並作他物痕傷。

諸他物是鐵鞭、尺、斧頭、刃背、木桿、棒、馬鞭、木柴、磚、石、瓦、粗布鞋、衲底鞋、皮鞋、草鞋之類。

若被打死者，其屍口、眼開，髮髻亂，衣服不齊整，兩手不拳，或有溺汙內衣。

若在辜限外死，須驗傷處是與不是在頭，及因破傷風灌注致命身死。

應驗他物及手足毆傷痕損，須在頭面上、胸前、兩乳、脅肋傍、臍腹間、大小

許是遭額、肘、膝抵壓、頭撞致死的，這些情況都當作他物傷痕處理。

諸他物指的是鐵鞭、尺、斧頭、刀背、木桿、棒子、馬鞭、木柴、磚、石、瓦、粗布鞋、衲底鞋、皮鞋、草鞋之類。

如果是被打死的，屍體口眼張開，髮髻亂，衣衫不整，兩手不拳握，有的有便溺沾汙內衣。

如果是在保辜期限外死的，應檢驗頭部有無創傷，以及是否因感染破傷風致死。

檢驗他物和手足毆傷的案子，要注意傷痕必須是在頭臉上、胸前、兩乳、脅肋旁、臍腹間、大小便二處的，才可定作致命傷。手足折損的也可能致死，其傷痕

便二處，方可作要害致命去處。手足折損亦可死。其痕周匝有血蔭方是生前打損。

諸用他物及頭、額、拳手、腳足堅硬之物撞打痕損顏色，其至重者紫黯微腫，次重者紫赤微腫，又其次紫赤色，又其次青色。其出限外痕損者，其色微青。

凡他物打著，其痕即斜長或橫長；如拳手打著，即方圓；如腳足踢，比如拳寸分寸較大。凡傷痕大小，定作掌、足、他物，當以上件物比定，方可言分寸。凡打著兩日身死，分寸稍大，毒氣蓄積向

周圍有血印的，才是生前所傷。

凡是用他物和頭、拳、腳等堅硬之物擊打的，傷勢最嚴重的顏色紫黯微腫，次重的紫赤微腫，又其次呈紫赤色，再其次的呈青色，那種出了責任擔保期限以外的傷痕，顏色微青。

凡是他物打的，傷痕即斜長或橫長，如果是拳打的傷痕方圓，如果是腳踢的，則比拳打的大小還大。凡是傷痕大小定作拳足他物打的，應當以前項各物比對後，才能丈量屍體傷痕分寸大小。凡是遭打後兩天身死的，則傷痕大小較大，毒氣蓄積向內，有可能約一兩天後身死；如果是打著當下便死的，則傷痕大小深重，毒氣紫黑，毒氣當時就衝向身體裡，導致當下死亡。

裡，可約得一兩日後身死。若是打著當下身死，則分寸深重，毒氣紫黑，即時向裡，可以當下身死。

諸以身去就物謂之磕，雖著無破處，其痕方圓，雖破亦不至深。其被他物及手足傷，皮雖傷而血不出者，其傷痕處有紫赤暈。

凡行兇人若用棒杖等行打，則多先在實處，其被傷人或經一兩時辰，或一兩日、或三五日以至七八日、十餘日身死。又有用堅硬他物行打便至身死者，更看痕跡輕重。若是先驅捽被傷人頭髻，然後散拳

一般以身身去碰到東西的叫做磕。雖磕著，沒有破皮，傷痕方圓，雖磕破也不至於傷太深。那種被他物和手足所傷，表皮雖受傷而血不流出來的，傷痕處可以發現有紫赤圓暈。

凡是兇手用棒杖等打的，則傷處多在致命的地方，被傷害的人有可能經過一兩個時辰，或經過一兩天、三五天以至七八天、十多天死亡。也又有用堅硬的他物打殺，很快便致死的，就要看驗傷痕情況輕重。如果是先揪住被害人的頭髻，然後散拳踢打的，則傷處多在虛弱要害的地方，可能一拳一腳便致命。如果是因為腳踢到要害地方致命的，一定要仔細驗認兇手腳上有無鞋履，

踢打，則多在虛怯要害處，或一拳一腳便致命。若因腳踢著要害處致命，切要仔細驗認行兇人腳上有無鞋履，防日後問難。

凡他物傷，若在頭腦者，其皮不破，即須骨肉損也。若在其他虛處，即臨時看驗，若是屍首左邊損，即是兇身行右物致打，順故也。若是右邊損，即損處在近後，若在右前即非也。若在後，即又慮兇身自後行他物致打。貴在審之無失。

看其痕大小，量見分寸，又看幾處皆可致命，只指一重

以免日後審訊遇到困難。

凡是他物所傷，如果是傷在頭腦部位的，表皮沒破，就有可能是骨肉傷損。如果是傷在其他虛弱要害，當下就要馬上檢驗。如果是屍首左邊傷損，即是兇手用右手拿東西所打，這是因為手順勢的原故。如果是右邊傷損，靠右後邊，那兇手可能是在被害人後面下手的，如果傷痕在右前方，那兇手就不是站在前述的位置。如果傷痕在後面，就要考慮到是兇手從身後用他物所打。這些觀察不能有任何閃失。

要看傷痕大小，量出分寸，又要看幾處皆可致命，但只能指定一處重傷，判定為虛弱要害致命身死之處。

害處，定作虛怯要害致命身死。打傷處，皮膜相離，以手按之即響。以熱醋罨，罨則有痕。

凡被打傷殺死人，須定最是要害處致命身死。若打折腳手，限內或限外死時，要詳打傷分寸、闊狹，後定是將養不較致命身死。面顏、歲數臨時聲說。凡驗他物及拳、踢痕，細認斜長、方圓。皮有微損，未洗屍前用水灑濕，先將蔥白搗爛塗，後以醋、糟，候一時除，以水洗，痕即出。

若將欅木皮罨成痕假作他物痕，其痕內爛損、黑色，四圍青色，聚成一片而無虛

打傷地方皮膜相剝離的，用手按之即作響，用熱醋掩敷，會有傷痕出現。

凡是被打傷致死的人，必須定出致命身死的最要害的地方。如果是打斷了手腳，在保辜期限內或限外死去時，要仔細研究打傷的傷痕大小後，定奪是否因休養不好而致死。面貌年歲等，也要當下問清講明。凡是驗他物及拳打腳踢傷，要仔細辨驗傷痕是斜長或方圓，表皮有否微損。如果傷痕不見，在未沖洗屍體前，要用水灑濕，將蔥白搗爛塗上，然後再用醋糟掩敷，經過一個時辰除去，以再水洗，傷痕即能顯現。

如果是用欅樹掩敷成痕，假作為他物傷痕的，則其痕內爛損黑色，四圍青色，聚作一片，而沒有虛腫現象，用手按捺也不感到堅硬。

腫，捺不堅硬。

又有假作打死，將青竹篦火燒烙之，卻只有焦黑痕，又淺而光平。更不堅硬。

也有假作打死的，在屍上用青竹篦火燒烙成傷痕，但只驗得焦黑痕，傷勢淺而光滑平整，並不堅硬。

醫辨

1. 宋慈指出：「重者紫黯微腫，次重者紫赤微腫，又其次紫赤色，又其次青色」，按外傷容易伴隨皮下出血（subcutaneous hematoma），微血管或表淺靜脈破裂，血液開始在皮下蓄積，使其局部腫脹隆起且質地較硬；櫸樹皮或樹葉汁製造的假傷則軟且平坦。皮下出血的面積大小，輕重程度與致傷物的大小、輕重、兇器種類（刀劍棍斧槍）以及屍體體質等有關。

2. 現代鑑識科學不只是觀察屍體傷痕，還會採集傷處的皮屑毛髮、衣物纖維、指紋、血跡DNA，這些線索中有些可能是由加害人所留下。藉此可提供警方偵辦方向及鎖定嫌疑人。現代刑事鑑試的作法，也呼應了宋慈的意見：「若因腳踢著要害處致命，切要驗認行兇人腳上有無鞋履。」

3. 宋慈除了提供鑑識方法，也提出了刑法刑度的概念，如蓄意傷人、蓄意傷人致死罪、蓄意殺人之差別。被害人有可能是因為被毆打過程中死亡或是毆打後送醫不治，如此對應加害人的刑度也必須有所不同。毆打致死的案件，大多身上有多處毆傷。要分辨致命傷可從下列幾點著手：傷及內臟導致內出血（internal bleeding）、顱內出血（intracranial hemorrhage）、心肺衰竭或是大血管斷裂導致失血性休克等。

醫學小知識

1. 指紋是因真皮表層的乳突向上凸起而使表皮形成的凸脊紋路，終身不會改變，除非受傷達真皮層，否則指紋都會長回原樣。由於每枚指紋具有數十乃至上百個特徵點，根據統計，每一千個人才會出現兩個指紋完全相同的人，鑑別可信度高，可供警方鎖定嫌疑人。
2. 顱內出血（intracranial hemorrhage），神經外科學又可細分硬腦膜外出血（Epidural hemorrhage）、硬腦膜外出血（Subdural hemorrhage）、蜘蛛膜腔出血（（Subarachnoid hemorrhage）、大腦出血（Cerebral hemorrhage），在急診室可藉由電腦斷層及神經理學檢查診斷之。

二十三、自刑

【原文】

凡自割喉下死者，其屍口、眼合，兩手拳握，臂曲而縮，死人用手把定刃物，似作力勢，其手自然拳握。肉色黃，頭髻緊。

若用小刀子自割，只可長一寸五分至二寸；用食刀，即長三寸至四寸以來；若用磁器，分數不大。逐件器刃自割，並下刃一頭尖小，但傷著氣喉即死。若將刃物自斡著喉下、心前、腹上、兩脅肋、太

【譯文】

凡是自割喉下死的，屍體口眼閉合，兩手握拳，胳膊彎曲而卷曲，死人的手握緊刀刃，像用力的樣子，他的手自然拳握。死者膚色發黃，頭髻並不散亂。

如果是用小刀子自割，傷痕最多只可長一寸五分至二寸，用食刀，傷口最多可長三寸至四寸，如果是用瓷器，割破的傷口不會太大。不論是拿哪種尖銳的器物自割，都會選尖的那頭下刀，只求傷到氣喉而死。如果是用刃物自扎於喉下、心前、腹上、兩脅肋、太陽、頂門等要害地方，只要傷著脈膜，傷口雖小，還是很快就會死去。如果刺的不深以及不是要害

陽、頂門要害處，但傷著膜，分數雖小即便死。如割斡不深及不係要害，雖兩三處未得致死。若用左手，刃必起自右耳後，過喉一二寸；用右手，必起自左耳後。傷在喉骨上難死，蓋喉骨堅也。在喉骨下易死，蓋喉骨下虛而易斷也。

其痕起手重、收手輕。假如用左手把刃而傷，則喉右邊下手處深，左邊收刃處淺，其中間不如右邊。蓋下刃大重，漸漸負痛縮手，因而輕淺，及左手須似握物是也。右手亦然。

凡自割喉下，只是一出刀

地方，傷口雖有三兩處，也不會致死。如果是用左手自刎的，傷口必定起自右耳後，過喉一二寸；用右手的，必定起自左耳後。傷在喉骨上的不容易死，因為喉骨比較堅硬。傷在喉骨下的就容易致死，因為喉骨下軟弱而易於割斷。

自割傷痕起手重，收手輕。假如用左手握刀自殺，則喉右邊下手處深，左邊收刃處淺，中間深度不如右邊，這是因為下刃太重，漸漸感到痛而縮手，因而造成傷口輕淺不一，左手也會像握著東西那樣因痛而緊握。右手的也是這般。

凡是自割喉下，只會有一處刀痕，如果當下死

痕。若當下身死時，痕深一寸七分，食繫氣繫並斷；如傷一日以下身死，深一寸五分，食繫斷，氣繫微破；如傷三五日以後死者，深一寸三分，食繫斷，須頭髻角子散慢。

更看其人面愁而眉皺，即是自割之狀。此亦難必。

若自用刀剁下手並指節者，其皮頭皆齊，必用藥物封紮。雖是刃物自傷，必不能當下身死，必是將養不較致死，其痕肉皮頭卷向裡。如死後傷者，即皮不捲向裡。以此為驗。

又有人因自用口齒咬下手指者，齒內有風著於痕口，多

亡，傷痕深一寸七分，食管氣管並斷；如果傷後一日以後死亡，深一寸五分，食管斷，氣管微破；如果傷了三五日以後死的，深一寸三分，食管斷，頭髻散亂、身上飾品財物也會散落一地。

還要再看屍體的臉，面愁而眉皺，就自割的情況，不過這也說不一定。

如果是自己用刀剁下手和指節的，其皮頭皆齊平，自傷者一定會用藥物包紮，雖是用刃物自傷的，也沒辦法當下死亡，一定是之後休養不好致死的。自傷的斷面皮頭卷向裡。如果是死後傷的，即皮不卷向裡，這是檢驗的重點。

又有人用自己的牙齒咬下手指的，齒上有風感染傷口，多半造成死亡，少有存活的。咬破的地方瘡口

致身死，少有生者。其咬破處瘡口一道，周回骨折，必有膿水淹浸，皮肉損爛，因此將養不較致命身死。其痕有口齒跡及有皮血不齊去處。

驗自刑人，即先問原申人，其身死人是何色目人？自刑時或早或晚？用何刃物？若有人來識認，即問身死人年若干？在生之日使左手使右手？如是奴婢，即先討契書看，更問有無親戚？及已死人使左手使右手？並須仔細看驗痕跡去處。

更須看驗，在生前刃傷即有血行，死後即無血行。

一道，周圍骨折，必然有膿水淹浸，皮肉損爛，之後將因後續的休養不佳致死。這種傷口上有牙齒痕跡，皮肉斷處也不整齊。

檢驗用刃物自殺的人，要先問原報案人，這個人是什麼身分？自殺時間在早上或晚上？死者用什麼刃物？如果有人認識死者，要問清楚死者年紀多大？生前慣用左手或右手？如果是奴婢，即先要來賣身契，再問死者有沒有親戚？生前慣用左手還是右手？再仔細看驗傷痕。

更需檢驗的是，生前受刃傷，會有血流出，死後不會有血流出。

醫辨

1. 宋慈指出：「又有人因自用口齒咬下手指者，齒內有風著於痕口，多致身死，少有生者。」按咬傷在分類上屬翻裂傷（Avulsion wound），動物牙齒上存在許多口腔細菌（鏈球菌、厭氧菌、葡萄球菌、破傷風桿菌），容易經由傷處進入組織中，造成細菌感染。中國古代雖無細菌觀念，但中醫所謂的風熱風寒，已接近西方醫學的病毒細菌免疫學的概念。目前急診被咬傷病患會施打破傷風類毒素（TETANUS TOXOID）或免疫蛋白或抗生素。若未妥善治療，傷口開始潰爛，膿水血清滲液不斷流出，恐有壞疽（gangrene）甚至截肢的風險。
2. 宋慈指出：「傷在喉骨上難死，蓋喉骨堅也。在喉骨下易死，蓋喉骨下虛而易斷也。」筆者推測宋慈所指喉骨應為甲狀軟骨（thyroid cartilage），而喉骨下區

醫學小知識

氣管是圓柱形的通道，位於食道前方，上端由喉開始，下端位於胸腔內，延伸到第四／五胸椎處分成左右主支氣管。氣管和支氣管都有「C」字型系列的透明軟骨做支架，C型的開口部分朝向背部的食道，軟骨及肌肉彈性結構使氣管壁不會向內塌陷。十六至二十塊軟骨間靠著纖維性彈性結締組織（fibroelastic C.T.）相連。

應為氣管C型軟骨（tracheal cartilage）。甲狀軟骨雖名為軟骨，但甲狀軟骨約在二十五歲時開始鈣化增厚，約六十五歲完全鈣化。前方由左右兩塊翼板（ala laminae）構成本體部，狀似打開的書背，也像古代盾牌，用以保護喉頭內部結構（會厭、聲門、聲帶、食道口、喉室）。下方的氣管軟骨不但不會鈣化，反而內部充滿彈性蛋白（為維持氣管壁彈性及穩定）。故甲狀軟骨比氣管軟骨堅硬許多。①

① 參考資料：http://healthfixit.com/。

二十四、殺傷

【原文】

凡被人殺傷死者，其屍口、眼開，頭髻寬或亂，兩手微握，所被傷處要害分數較大，皮肉多卷凸；若透膜，腸臟必出。

其被傷人見行兇人用刃物來傷之時，必須爭競，用手來遮截，手上必有傷損；或有來護者，亦必背上有傷著處。若行兇人於虛怯要害處一刃直致命者，死人手上無傷，其瘡必重。若行兇人用刃物斲著腦

【譯文】

凡是被人殺傷死的，其屍口眼張開，頭髻寬鬆或散亂，兩手微握，被傷害處多半是要害，皮肉多卷凸，如果穿透肚皮，腸臟必然露出。

被害人看見兇手拿刃物來殺的時候，必然要掙扎，用手來遮攔護著，所以手上一定有傷損；如果是跑去保護他人的，背上也一定有傷。如果兇手在虛弱要害處下一刃致命的，死人手上不會有傷，致命一刀的創傷必定很重。如果兇手用刃物砍到腦上頂門、腦角後髮際，一定砍斷頭髮，頭髮的樣子就如同用剪刀剪的一樣齊。如果頭頂骨折，即是尖的東西刺到的，要用手按捏看看頭

上、頂門、腦角後、髮際，必須斲斷頭髮，如用刃剪者。若頭頂骨折，即是尖物刺著，須用手捏著其骨損與不損。

若尖刃斧痕，上闊長，內必狹；大刀痕，淺必狹，深必闊；刀傷處，其痕兩頭尖小，無起手收手輕重；槍刺痕，淺則狹，深必透；簳，其痕帶圓。或只用竹槍，尖竹擔簳著要害處，瘡口多不齊整，其痕方、圓不等。

凡驗被快利物傷死者，須看原著衣衫有無破傷處，隱對痕、血點可驗。

又如刀剔傷腸肚出者，

骨是否受損。

如果是尖刃斧傷，傷口表面闊長，裡頭狹小。大刀傷到的，傷口淺的地方一定狹小，深的地方一定寬闊。刀傷的傷痕兩頭尖小，沒有起手收手輕重的分別。槍刺的傷，傷口淺的就狹小，深的會穿透人體，傷痕呈圓形。若只用竹槍尖、竹擔扎到要害，瘡口多不齊整，傷痕或方或圓。

凡是檢驗被利物傷的，要看死者原著衣衫上有沒有破損的地方，對照傷痕血點應該兩相符合。

又比如刀挑傷肚腸脫出了的，其被殺傷的地方，必

其被傷處須有刀刃撩劃三兩痕。且一刀所傷，如何卻有三兩痕？蓋凡人腸臟盤在左右脅下，是以撩劃著三兩痕。

凡檢刀、槍刃斲剔，須開說屍在甚處向當？著甚衣服？上有無血跡？傷處長、闊、深分寸？透肉不透肉？或腸肚出、脂膜出作致命處？仍檢刃傷衣服穿孔。如被竹槍、尖物剔傷致命，便說尖硬物剔傷致死。

凡驗殺傷，先看是與不是刀刃等物，及生前死後痕傷。如生前被刃傷，其痕肉闊、花文交出；若肉痕齊截，只是死

然有刀刃撩劃三兩道的痕跡。為什麼一刀所傷，會有三兩道痕跡呢？這是因為人的肚腸是來回盤疊在左右脅下的，所以一刀下去會撩劃出三兩道痕跡。

凡是檢驗刀槍刃砍挑傷，要寫明屍體在什麼地方？什麼方向？穿什麼衣服？衣服上面有沒有血跡？傷的地方長寬深多少？傷口穿透皮肉嗎？有沒有肚腸露出？是脂膜露出成為致命傷嗎？還要檢驗刃傷衣服的破洞和兇器、屍體傷口是否吻合。如果是被竹槍尖物挑傷致命的，便寫是尖硬物挑傷致死的。

凡是驗殺傷，要先看是否是刀刃等物殺傷，以及是生前或死後造成的傷痕。如果是生前被刃物所傷的，其痕肉開闊，收縮參差不齊，花紋交錯。如果傷痕的肉邊截齊，就只有可能便是死後假造的刃傷痕。

後假作刃傷痕。

如生前刃傷，即有血汁，及所傷痕瘡口，皮肉血多花鮮色，所損透膜即死。若死後用刀刃割傷處，肉色即乾白，更無血花也。蓋人死後血脈不行，是以肉色白也。此條仍責取行人定驗，是與不是生前、死後傷痕。

活人被刃殺傷死者，其被刃處皮肉緊縮，有血蔭四畔。若被支解者，筋骨皮肉稠黏，受刃處皮肉骨露。

死人被割截屍首，皮肉如舊，血不灌蔭，被割處皮不緊縮，刃盡處無血流，其色白，

如果是生前的刃傷，會有血水，所傷的瘡口皮肉血多呈花鮮色，所傷透過脈膜即可致死。如果是死後用刀割出來的傷，肉色即乾白，更沒有血花。因為人死後血脈不行，所以肉色是白的。此條必定要求仵作行人檢驗，才好判斷傷是生前或死後造成。

活人被刃物殺傷死的，其被刃處皮肉緊縮，四周有血印。如果是被支解的，筋骨皮肉稠黏，受刃傷處皮肉緊縮骨頭露出。

死人被割截的，屍首的皮肉如舊，血不從傷處冒出，被切割的地方皮不緊縮，刀刃傷最底下沒血流，顏色慘白。縱然傷痕下面有血，洗檢擠捺後，肉內不能清

縱痕下有血，洗檢擠捺，肉內無清血出，即非生前被刃。

更有截下頭者，活時斬下，筋縮入。死後截下，項長，並不伸縮。

凡檢驗被殺身死屍首，如是尖刃物，方說被刺要害，若是齊頭刃物，即不說刺字。如被傷著肚上、兩肋下或臍下，說長闊分寸後，便說斜深透內脂膜，肚腸出，有血汙，驗是要害被傷割處致命身死。若是傷著心前肋上，只說斜深透內、有血汙，驗是要害致命身死。如傷著喉下，說深至項、鎖骨損、兼周回所割得有方圓

出餘血，即不是生前被刃傷的。

更有截下頭的，活時斬下，則筋肉縮入，死後截下，則項脖舒長，並不收縮。

凡是檢驗被殺身死的屍首，如果兇器是尖刃物，才能說是被刺到要害，如果是齊頭刃物，就不說刺到的。如果是被傷到肚腹上、兩脅下或臍下，唱明傷口長闊大小後，便要說明斜深透內脂膜，肚腸露出，有血汙，驗明是要害處被割傷才致死。如果是傷到心臟前肋骨上，只能說斜深透內，有血汙，檢驗出是此傷傷及要害致死。如果是傷著喉下，則說深至項頸，損及鎖骨，並且交待割傷處周圍有方圓不齊的邊緣，食道氣管並斷，有血汙，因此致死，以上講的都是要害。如果傷著頭面上，或太陽穴、腦角後髮際內，兇手拿的是大刀一類兇器，方才能說骨頭受損，如果腦漿併出時，有血汙，也

不齊去處、食繫氣繫並斷，有血汙，致命身死，可說要害處。如傷著頭面上或太陽穴、腦角後、髮際內，如行兇人刃物大，方說骨損。若腦漿出時有血汙，亦定作要害處致命身死。如斲①或刺著沿身，不拘那裡，若經隔數日後身死，便說將養不較致命身死。

凡驗被殺傷人，未到驗所，先問原申人曾與不曾收捉得行兇人？是何色目人？使是何刃物？曾與不曾收得刃物？如收得，取索看大小，著紙畫樣。如不曾收得，則問刃物在甚處？亦令原申人畫刃物樣。

要判定作要害處致命身死。如果是砍或刺著，全身不管是傷著哪裡，如果隔數天後身死的，便說是休養不好致死的。

凡是驗被殺傷的人，還沒到檢驗地點，先問原報案人曾不曾捉獲兇手？兇手是什麼身分？使用什麼刀器？曾不曾收繳到兇刀？如果收繳到，即索來看看大小，叫人用紙畫下樣子。如果不曾收繳到，則問兇刀在什麼地方？也叫原報案人畫下兇刀的樣子。畫好了，叫原報案人在圖樣下簽名畫押。還要問原報案人，本案的兇手同被害人是不是親戚？有沒有冤仇？

畫訖，令原申人於樣下書押字。更問原申人，其行兇人與被傷人是與不是親戚？有無冤仇？

① 斵，砍、削。

醫辨

1. 宋慈指出，如果是尖刃斧傷，上面闊長，內裡必狹。大刀傷，淺必狹，深必闊。刀傷處，它的傷痕兩頭尖小，沒有起手收手輕重的分別。如果只用竹槍尖、竹擔扎著要害地方，瘡口多不齊整，傷痕方圓不等。一般醫師在進行外科手術時，必須控制刀刃（或稱刀腹）下刀時的力道，盡可能施只劃開外層但不傷及內層的力度，才不會傷及尚未見到的下層結構。但刀刃傷不可能有上述醫療手術控制力道的情形。以斧刃傷來看，可用砍樹痕來想像，即可得出宋提出的結論——上面闊長，內裡必狹。刀劍槍等是人造器械，所造成的傷口平整且多能與兇器對合。而隨手取得自然物如竹、木等兇器刺入，尖端則不平整，導致傷痕參差難以與兇器對合，臨床上很難縫合，也容易造成傷口感染，必須仔細清創外來物及其殘留才縫合（primary suture），甚至處理完可能造成其他後遺症的因素後再來縫合——延遲縫合（secondary suture）。不過這種傷痕也多能留下竹木屑等微物跡證。
2. 宋慈指出生前傷痕，傷口邊緣皮瓣收合、收縮參差不齊、花紋交錯、血液染色傷處且顏色深淺不一；死後造成的傷痕，傷口邊緣皮瓣開放、兩唇對合平整、血液染色範圍較為局部。兩者不同，其中機轉與人體發炎凝血反應及血壓推送有關：人體受傷時釋放發炎細胞、血小板、凝血因子聚集在傷口及破裂的血管，此時除了促進凝血外，還會衍生後期皮瓣收合。佐以血壓推送，血液滲出速度漸漸趨緩，由含氧血轉減氧血最後僅剩血清滲出，故在傷口上造成的血液染色深淺不一；以上現象在截肢外傷病患身上更為明顯。一旦死亡，這些反應在屍體都會下降甚至消失，即如宋慈所言：如果是死後傷的，即皮不捲向裡，以此為驗。

3. 宋慈文中列舉幾項殺傷直接死因，包括：

（1）脅下／臍下，斜深透內脂膜，肚腸出：導致內臟破裂出血，如腸胃穿孔、肝脾破裂、大網膜疝脫、腹主動靜脈斷裂。

（2）傷著心前肋上，斜深透內：直刺心臟或心包膜造成心包填塞（Cardiac tamponade）、血胸（hemothorax）。

（3）傷著喉下，食管氣管並斷：造成氣管喉部外傷（Laryngotracheal trauma）。

（4）頭骨損，腦漿出：這種死因應該不用解釋。

記得尋找合理的出血量（宋慈所言血汙），才能決定何者為生前受害致命傷。

4. 傷口癒合第一階段，發炎期：會有各種化學物質釋放到傷口使血管收縮，形成血栓並啟動癒合反應，且有專門的細胞於受傷頭幾天清除傷口中的細菌及壞死組織。之後進入增生期、表皮新生期、重塑期。

醫學小知識

1. 開放性傷口分類：

（1）擦傷（Abrasion wound）：皮膚與黏膜被擦去或刮去淺層之表皮，合併有毛細血管出血或血清滲出。

（2）割傷（cutted wound）：皮膚及組織為利器均勻切割，其邊緣整齊。

（3）裂傷（Laceration wound）：皮膚及組織為鈍器不均勻的撕裂，其邊緣不整齊。

（4）刺傷（Punctured wound）：皮膚及組織為銳器刺入而造成深度大於入口之創傷。

（5）翻裂傷（Avulsion wound）：有皮膚或組織損失的傷口，其邊緣不整齊且皮膚翻開。

（6）穿傷（Penetrating wound）：通達體腔之傷口。

（7）穿通傷（Perforating wound）：傷口前後穿通人體。（參考資料：創傷科楊智傑主任〈緊急創傷評估〉，「羅東博愛醫院」網站。）

2. 傷口癒合四階段：

（1）發炎期：如前所言。

（2）增生期：細胞形成網狀的結構，形成矩陣，新的皮膚血管在這個矩陣中形成，這時微血管會增生（傷口的顏色為紫紅色），供應傷口更多的氧氣和營養素，使細胞生成並製造膠原蛋白，成為新組織生長的架構，疤痕組織的主要成份也是膠原蛋白。

（3）表皮新生期：形成新的皮膚和表皮細胞，表皮細胞可隔離外在的細菌和防止水分流失，在清潔的傷口，這作用會在數小時內開始，在二十四到四十八小時結束。如在複雜或不清潔的傷口，因發炎期延長，也許要七到十天才可能完成。

（4）重塑期：約二到三週時，膠原蛋白變的結實，強度更強，微血管變少，傷口的顏色變淺，傷口的強度在之後六個月慢慢變強，最終到達完好皮膚的七〇%。

二十五、屍首異處

【原文】

凡驗屍首異處，勒家屬先辨認屍首。務要仔細打量屍首頓處四至。迄，次量首級離屍遠近，或左或右，或去肩腳若干尺寸。肢解手臂腳腿，各量別計，仍各寫相去屍遠近。卻隨其所解肢體與屍相湊，提捧首與項相湊，圍量分寸，一般係刃物斬落。若項下皮肉卷凸，兩肩並聳皺，係生前斬落；皮肉不卷凸，兩肩並不聳皺，係死後斬落。

【譯文】

凡是檢驗身首異處的屍體，要先令死者家屬辨認屍身。一定要把屍身現場四面接界地方仔細測量清楚。量完後，再量腦袋離屍身多遠，是在屍首左邊還是右邊，或者離肩或腳多少距離。被支解的四肢，也要分別量好，寫明離屍身多遠，然後拿被砍下的四肢和屍身拼湊，腦袋和頸項拼湊，量好被砍斷的肢體兩頭尺寸，如能銜接起來，就是銳器砍落的。如果頸項上皮卷縮，骨頭凸出，兩肩皮肉緊繃，就是生前砍下；假使皮肉不卷縮，骨頭不凸出，兩肩皮肉正常，則是死後被卸砍下的。

二十六、火死

【原文】

凡生前被火燒死者，其屍口鼻內有煙灰，兩手腳皆拳縮，緣其人未死前被火逼奔爭，口開氣湧往來，故呼吸煙灰入口鼻內；若死後燒者，其人雖手足拳縮，口內即無煙灰；若不燒著兩肋骨及膝骨，手腳亦不拳縮。

若因老病失火燒死，其屍肉色焦黑或卷，兩手拳曲，臂曲在胸前，兩膝亦曲，口眼開，或咬齒及唇，或有脂膏黃

【譯文】

凡是生前被火燒死的，屍體口鼻裡面有煙灰，四肢卷曲，因為死者生前被火燒，掙扎逃命，張開嘴巴，拼命呼吸，所以把煙灰吸進口鼻裡。如果是死後燒的，屍體的四肢雖然也彎曲，但嘴裡沒有煙灰，如果沒有燒著兩肋骨和膝骨，四肢也不會彎曲。

如果是年老害病，遇到失火燒死的，屍體皮肉焦黑或者卷縮，兩手卷曲，手臂彎在胸前，兩膝彎曲，嘴張眼開，有的牙齒會咬著嘴唇，有的皮肉裂開，裡面還會燒出黃色的油脂來。

色，突出皮肉。

若被人勒死拋掉在火內，頭髮焦黃，頭面渾身燒得焦黑，皮肉搐皺，並無揞漿皸皮去處，項下有被勒著處痕跡。

又若被刃殺死，卻做火燒死者，勒仵作拾起白骨，扇去地上灰塵，於屍首下淨地上用釅米醋、酒潑，若是殺死即有血入地鮮紅色。須先問屍首生前宿臥所在，卻恐殺死後，移屍往他處，即難驗屍下血色。

大凡人屋或瓦或茅蓋，若被火燒，其死屍在茅瓦之下；或因與人有仇，趁勢推入燒死者，其死屍則在茅瓦之上。兼

如果是被人勒死後拋在火裡燒的，屍體頭髮焦黃，頭面和全身燒得焦黑，皮肉卷縮，不流膿水，也不起泡，頸項上有被勒的痕跡。

還有銳器殺死，假裝火燒死的，假如已燒成一堆骨頭，可指揮檢驗人員撿起殘餘骸骨，搧去地上灰塵，在屍體被燒的地面上用濃米醋和酒灑。殺死當下必然有血流進地裡，就能看出鮮紅的血跡。這類案件，應該先問清楚死者生前住在什麼地方，就怕死者是被人殺死以後，把屍體移往別處燒掉，如此就驗不出第一現場地上的血跡了。

一般來說，住屋不是瓦頂就是茅草頂的。火燒死的，屍體會在茅草或瓦片下面；假使死者與人有仇，被人偷襲推到火裡燒死的，屍體就在茅、瓦上面。同時還要驗看，死者頭朝哪裡？腳朝哪裡？是否符合被人推進

驗頭足，亦有向至。

如屍被火化盡，只是灰，無條斷骨殖者，勒行人鄰證供狀，緣上件屍首，或失火燒毀，或被人燒毀，即無骸骨存在，委是無憑檢驗，方與備申。

凡驗被火燒死者，先問原申人：火從何處起？火起時其人在甚處？因甚在彼？被火燒時，曾與不曾救應？仍根究曾與不曾與人做鬧？見得端的，方可檢驗。

或檢得頭髮焦拳，頭、面連身一概焦黑，宜申說今來無憑檢驗，本人沿身上下，有無

火場的方向？從這裡也可以看出疑點。

假使屍體全部被火燒完，只剩下灰燼，找不到整塊的骨頭，應責令檢驗人員、鄰居、證人證明，說明上述屍體，或許因為失火被毀，或許被人燒毀，骸骨都燒完了，實在是無從檢驗，才能向上級回報。

檢驗被火燒死的屍體，應先問原報案人：火從哪裡起來？起火的時候，死者人在什麼地方？為什麼待在那裡？燒的時候有沒有人去救？還要切實調查清楚死者生前有沒有與人發生爭執？問清楚了，才能檢驗。

檢驗到頭髮燒成焦卷，頭面和身體全部燒得焦黑的屍體，驗屍報告上應該寫明：死者渾身上下，檢驗不出有沒有傷損等情況，也辨認不出多大年紀、什麼相貌、

傷損他故，及定奪年顏形狀不得。只檢得本人口鼻內有無灰燼，委是火燒身死。如火燒身重，實無可憑，即不要說口鼻內灰燼。

形狀，只從死者口、鼻腔裡驗得有無煙灰。有，就可確定是火燒死的。如燒得更重，便什麼也看不出來，報告裡就不必說口、鼻腔裡有無煙灰。

醫辨

1. 生前火燒，由於煙霧和高溫的刺激，受害者本能緊閉雙目，此時眼角處會形成許多褶皺，使得煙霧與燃燒形成的碳末無法進入褶皺深處，形成爪狀的燒痕。同時，緊閉雙目使得睫毛尖端被燒焦，而睫毛根部則保存完好。死後焚屍者無此現象。

2. 皮膚燒燙傷可分三級，表像如紅斑、水皰、焦痂，炭化，而且組織學切片可見血管收縮、出血等反應。若臨死前大量吸入不完全燃燒的一氧化碳（CO），血液中形成高濃度的一氧化碳血紅蛋白（HbCO），則能在皮膚相對完好的部位見到鮮紅屍斑。死後焚屍者，雖然體表也能夠見到燒傷，但是血液中的HbCO含量極低，也就看不到鮮紅屍斑。

3. 生前火燒吸入大量灼熱的空氣、蒸汽、煙霧和有毒氣體，造成喉頭、氣管、支氣管黏膜灼傷，以及大量的炭末、煙灰沉積。解剖時可見這些部位充血、水腫、壞死、水皰形成、黏膜脫落。呼吸道黏膜會被碳灰與黏液混合形成黑色條狀覆蓋以及肺部充血水腫；食道、胃內也可能見到碳灰。這些在法醫學中被稱為熱呼吸道綜合症，而這也是受害者生前被燒死的決定性證據。①

① 參考資料：「孫芳冰——看法醫如何讓屍體說出真相」，http://ppt.cc/24K5I。

二十七、湯瀰死

【原文】

凡被熱湯瀰傷者，其屍皮肉皆拆，皮脫白色，著肉者亦白，肉多爛赤。

如在湯火內，多是倒臥。傷在手足，頭面、胸前。如因鬥打或頭撞、腳踏、手推在湯火內，多是兩後鼓與臀腿上，或有打損處，其皰不甚起，與其他所燙不同。

【譯文】

凡是被滾熱水燙死的，屍體皮肉開裂，表皮脫落，呈白色，滾熱水直接燙著的部分也是白色，肌肉大都紅爛。

如果是跌進湯火裡死的，大都是仆著倒下去，主要燙傷部分在手腳、頭面、胸前；如果因為被毆打或被頭撞、腳踢、手推到湯火裡去的，多傷在兩後腿彎和大腿、臀部；遇有打傷的地方，被燙後起泡不大，與其他燙傷不一樣。

二十八、服毒

【原文】

凡服毒死者，屍口眼多開，面紫黯或青色，唇紫黑，手足指甲俱青黯，口眼耳鼻同有血出。

甚者，遍身黑腫，面做青黑色，唇卷發疱，舌縮或裂拆，爛腫微出，唇亦爛腫或裂拆，指甲尖黑，喉腹脹做黑色、生疱；身或青斑，眼突，口鼻眼內出紫黑血，鬚髮浮不堪洗。未死前須吐出惡物，或瀉下黑血，穀道腫突，或大腸

【譯文】

凡是服毒死的，屍體嘴巴和眼睛一般多開著，面孔呈現烏紫或青色，嘴唇呈紫黑色，手腳指（趾）甲都是青黑色，有的七竅（口、眼、耳、鼻）流血。

中毒深重的，屍體渾身黑腫，面孔呈青黑色，嘴唇卷縮起泡，舌頭縮在吊或破開，腫爛而稍微伸出，嘴唇也腫爛或破開，指甲尖呈黑色，喉部和腹部膨脹，也是黑色，還會起一些泡；有的身上有青斑，眼球凸出，口、鼻、眼睛裡面有紫黑色的血汙，鬍鬚、頭髮浮亂不堪。這樣死的，生前必然嘔吐過一些臭髒的東西，或拉過黑血，肛門浮腫脫出，有的大腸頭也脫出。有些空肚子服毒的，只有腹部青脹，嘴唇和

穿出。有空腹服毒，惟腹肚青脹而唇、指甲不青者；亦有食飽後服毒，惟唇、指甲青而腹肚不青者；又有腹臟虛弱老病之人，略服毒而便死，腹肚、口唇、指甲並不青者，卻須參以他證。

生前中毒，而遍身做青黑，多日皮肉尚有，亦做黑色。若經久皮肉腐爛見骨，其骨黲黑色。

死後將毒藥在口內假做中毒，皮肉與骨只做黃白色。

凡服毒死，或時即，或當日早晚；若其藥慢，即有一日或二日發。或有翻吐，或吐不

指甲並不發青；也有吃飽後服毒的，只有嘴唇、指甲發青，肚皮不發青；還有腸胃虛弱和老年人，只須吃一點點毒藥便很容易死亡，肚皮、嘴唇、指甲都不發青。這些特殊情況，在審查驗定時還應該參照其他證據才行。

生前中毒的，屍體渾身青黑色，即使隔了很久，有的皮肉還是黑色。如果日子過久了，皮肉腐爛，露出骨頭，這種骨頭則是淡青黑色的。

人死以後，再把毒藥抹進死人嘴裡假裝中毒死的，死者皮肉、骨頭都沒有中毒死的特徵，只呈黃白色。

凡是服毒死的人，有的服毒後即時發作，有的當日發作；藥性慢一點的，也有隔一兩日才發作的。服毒後有的人反胃嘔吐，有的人嘔吐不止。檢驗這類屍體，應

絕。仍須於衣服上尋餘藥，及死屍坐處尋藥物、器皿之類。

中蟲毒，遍身上下、頭面、胸心併深青黑色，肚脹，或口內吐血，或糞門內瀉血。

鼠莽草毒——江南有之，亦類中蟲，加之唇裂，齒齦青黑色。此毒經一宿一日，方見九竅有血出。

食果實金石藥毒者，其屍上下或有一二處赤腫，有類拳手傷痕，或成大片青黑色，爪甲黑，身體肉縫微有血，或腹脹，或瀉血。

酒毒，腹脹，或吐瀉血。

砒霜，野葛毒，得一伏

該從死者衣服口袋裡尋找，看有沒有吃剩下的毒藥，並在死者居住的地方尋找毒藥、盛藥的器具等作旁證。

中蠱毒死的，渾身上下、面孔、胸口都呈深青黑色，腹部膨脹，有的口裡吐血，有的肛門拉血。

吃了鼠莽草中毒死的——江南有這種草，和中蠱毒死的人樣子差不多，外加嘴唇燥裂，齒齦呈青黑色。中這種毒的，要過一日一夜，才會九竅出血。

吃了有毒的果實和無機毒物死的，屍體上下，有的會有一兩塊紅腫，好像被拳腳打傷的痕跡；有的是大片大片的青黑色，指甲烏黑，身體皮肉摺縫的地方，有輕度的出血，有的腹部膨脹，有的拉血。

中酒毒死的，腹部膨脹，有的吐血拉血。

服砒霜或野葛中毒的人，不過煮一餐飯時間，渾身

時，遍身發小疱，做青黑色，眼睛聳出，舌上生小刺疱綻出，口唇破裂，兩耳脹大，腹肚膨脹，糞門脹綻，十指甲青黑。

金蚕蠱毒，死屍瘦劣，遍身黃白色，眼睛塌，口齒露出，上下唇縮，腹肚塌。將銀釵驗，做黃浪色，用皂角水洗不去。一云如是：只身體脹，皮肉似湯火疱起，漸次為膿，舌頭唇鼻皆破裂，乃是中金蚕蠱毒之狀。手腳指甲及身上青黑色，口鼻內多出血，皮肉多裂，舌與糞門皆露出，乃是中藥毒、菌蕈毒之狀。如因吐瀉

就會發出許多小泡，呈青黑色，眼睛凸出，舌上有裂痕及小刺泡炸開，嘴唇破裂，兩耳脹大，腹部膨脹，肛門口脹裂，十指甲呈青黑色。

中金蠶蠱毒死的，屍體瘦弱，渾身呈黃白色，眼睛凹陷，嘴張齒露，上下嘴唇卷縮，肚皮塌陷。用銀釵插進喉嚨測試，銀釵呈濁黃色，用皂角水擦洗也洗不掉。另一種說法是：中金蠶蠱毒死的，身體腫脹，皮膚好像被湯火燙傷的一樣，發出許多小水泡，再慢慢的變成膿泡，舌頭、嘴唇、鼻子都龜裂。這是中金蠶蠱毒死的情狀。手腳指（趾）甲和身上呈青黑色，嘴巴、鼻孔一般有血流出，皮膚多龜裂，舌頭伸出來，肛門脫出，這是吃了含毒的藥物和野菇而死的樣態。假如因為吐瀉瘦弱，皮膚帶點黑色，沒有破裂，嘴裡不流血，肛門也不凸出，這是喝酒中毒而死的樣子。

瘦弱，皮膚微黑，不破裂，口內無血，與糞門不出，乃是飲酒相反之狀。

若驗服毒用銀釵，皂角水揩洗過，探入死人喉內，以紙密封，良久取出，做青黑色，再用皂角水揩洗，其色不去。如無，其色鮮白。

如服毒、中毒死人，生前吃物壓下，入腸臟內，試驗無證，即自穀道內試，其色即見。

凡檢驗毒死屍，間有服毒已久，蘊積在內，試驗不出者，須先以銀或銅釵探入死人喉；訖，卻用熱糟醋自下淹

檢驗服毒死的身體，辦法是用一根銀釵，用皂角水揩洗乾淨，伸進死者咽喉，並用紙塞緊嘴巴，隔很長時間才拿出來，銀釵即變成了青黑色。然後用皂角水揩洗，如中毒死的，銀釵上的青黑色就揩洗不掉；如果不是中毒死的，揩洗後就恢復原狀，仍是鮮白顏色。

服毒、中毒死的，假使是生前吃了有毒的東西以後，又吃了許多別的東西，把毒物壓到胃腸裡面去了，用銀釵從咽喉試探不出來，可改從肛門口插進去，就能發現銀釵變成青黑色。

檢驗中毒死的屍體，遇到有那種服毒已久，毒氣積聚在腑臟深處，用銀釵試驗不出來的，可先把銀釵或銅釵伸進死者咽喉裡，插好後用熱糟醋從下腹部洗敷，漸漸的洗敷到上面，使熱氣透入到屍體腹內，壓迫毒氣向

洗，漸漸向上；須令氣透，其毒氣薰蒸，黑色始現。如便將熱糟醋自上而下，則其毒氣逼熱氣向下，不復可見。或就糞門上試探。則用糟醋當反是。

又一法用大米或占米三升炊飯，用淨糯米一升淘洗了，用布袱盛，就所炊飯上炊饋。取雞子一個，鴨子亦可。打破取白，拌糯米飯令勻，依前袱起著，在前大米占米飯上，以手三指緊握糯米飯如鴨子大，毋令冷，急開屍口，齒外放著，及用小紙三五張，搭遮屍口、耳、鼻、臀、陰門之處，仍用新棉絮三五條，沾醋三五

上升，銀釵上便可見到變成黑色。如果用熱糟醋從相反的方向洗敷，即從上向下洗敷，那麼熱氣就會壓迫毒氣向下，咽喉裡的銀釵便不會變黑色。或者把銀釵塞在肛門口試探，從上向下洗敷也行，也能見到銀釵變黑色。

還有一個辦法，就是用大米或黏米三升炊飯，另外用純淨的糯米一升，淘洗後，用炊布包好，疊在大米、黏米飯的上面炊蒸，再拿一個雞蛋，鴨蛋也行。打破後取出蛋清，與糯米飯拌的均勻，仍舊用包糯米飯的炊布盛著放在大米、黏米飯上。然後用三個指頭撮一團和鴨蛋一樣大的糯米飯，趁飯熱時，迅速掰開死者嘴巴，放在牙齒外面，並用三五張小紙，遮住死者的口、耳、鼻、肛門和陰戶。再用新棉絮三五條，濃醋三五升，用猛火把醋煮的大滾，把棉絮浸在醋鍋裡煮半個時辰，拿起後，用糟醋洗敷屍體，然後再把醋煮過的棉絮緊蓋在屍體上。如果死者生前確是中毒，屍體就會腫脹起來，

升，用猛火煎數沸，將棉絮放醋鍋內煮半時取出，仍用糟盤蓋屍，卻將棉絮蓋覆。若是死者身前被毒，其屍即腫脹，口內黑臭惡汁噴來棉絮上，不可近。後除去棉絮，糯米飯被臭惡之汁亦黑色而臭，此是受毒藥之狀。如無，則非也。試驗糯米飯，封起申官府之時，分明開說。此檢驗訣，曾經大理寺看定。

廣南人小有爭怒賴人，自服胡蔓草，一名斷腸草，形如阿魏，葉長尖，條蔓生，服三葉以上即死。乾者或收藏經久，做末食亦死。如方食未

從嘴裡噴出許多黑臭的骯髒液體，吸附在棉絮上，這味道會臭到使人無法靠近。然後除去棉絮，糯米飯上沾了許多骯髒液體，也變成了黑色並且帶有濃重的臭味，這就是中毒死的明證。操作一遍，若沒有噴出這些黑臭東西來，就可以斷定不是中毒死的。用來做試驗的糯米飯，應該用器皿盛著封起來，申報審判長官時，詳細說明這種證物是怎樣取得的。以上檢驗方法，曾經過最高司法機關審查認可。

兩廣有些地方的人常常因無意義的爭吵，吃胡蔓草自殺，藉此誣賴人。胡蔓草又名斷腸草，形狀和阿魏差不多，葉子長而尖，枝葉蔓生，吃了三片以上葉子的就會死。乾枯的或收藏日久的斷腸草，研成粉末吃了也同樣能毒死人。如果吃下不久，即用人糞汁灌進去，可以

久，將大糞汁灌之可解。其草近人則葉動。將嫩葉心浸水，涓滴入口，即百竅潰血。其法急取抱卵不生雞兒，細研和麻油開口灌之，乃盡吐出惡物而蘇。如少遲，無可救者。

解救。這種草只要有人走近他，葉子就會搖動。他的嫩芽最毒，用這種嫩芽泡浸的液汁，只要喝下一小滴，所有的孔竅便會出血而死。解救的方法就是趕快用孵化不出來的雞蛋，搗爛後用麻油拌調，掰開嘴巴灌進去，使毒物完全嘔吐出來，要吐得乾淨，服毒者才能從昏迷狀態中甦醒過來。這樣中毒的，只要稍微遲慢一步，便無藥可救。

醫辨

1.中毒就會骨頭髮發黑嗎？骨頭主成分為鈣鹽，不分性別，骨骼皆是黃白色。中毒死亡的屍體，屍骨未必是黑色的，而黑色屍骨，也不能說明是砒霜中毒，當骨頭被氧化和被有機物分解時，也可能變黑。現代醫學對毛髮、血液、嘔吐物或胃內容物進行毒物化學檢測後，才可真正判斷死亡原因。宋代流行以銀針發黑驗毒，是觀察到硫化銀（AgS）的化合物，古代製造砒霜由砷硫礦物製作，其中混合大量的硫化物，並非三氧化二砷的純物質，故接觸銀針時產生黑色硫化銀。若施毒以純的三氧化二砷，則銀針不會變黑。

2.急性砷中毒常稱砒霜（As_2O_3）中毒，較常經由製程過程時吸入其粉末、煙霧或皮膚接觸等途徑導致中毒。口服五~五〇mg即可中毒，六〇~一〇〇mg即可致死。症狀：口服者有腹痛、嘔吐、血性腹瀉（解黑便）、吞咽困難、流涎等，口腔或嘔吐物有大蒜樣氣味、神經學症狀、休克、心肌損害、肝腎功能損害以及急性溶血（七孔黏膜出血、肢端麻木、腰痛、震顫、黃疸、血紅蛋白尿合併腎衰竭等）等現象。《水滸傳》中的武大郎即此急性砷中毒死法。

3.無機砷進入人體後，在肝臟中轉化成單甲基砷酸，再轉變成雙甲基砷酸，然後經由尿液排出。單甲基砷酸為強氧化力，這種氧化力會造成ＤＮＡ突變或基因不穩定，因而產生癌症或血管病變。歐洲的拿破崙即此慢性砷中毒死法。

醫學小知識

在烏腳病流行地區取得的膀胱癌檢體，其染色體異常的狀況，非常嚴重；初期由於四肢末端血液不流通，無法獲得足夠之營養及氧氣，皮膚會變成蒼白或紫紅色。患者會感到末端麻痺、發冷及發紺等症狀，若受壓迫就會產生刺痛感，有時亦會間歇性跛行等。中後期會造成靜止組織的營養缺乏，產生劇烈的疼痛。此時症狀為趾部發黑、潰爛、發炎，甚至造成壞疽再自然脫落。嚴重者，發炎區域會擴散，腳組織可能悉數壞死，只能以手術切除。此外亦有手指罹症的案例，尤以成人居多。（參考資料：中研院副院長陳建仁教授〈台灣烏腳病研究造福全世界，無機砷導致全身病變〉，「台灣烏腳病醫療紀念館」網站。）

二十九、病死

【原文】

凡因病死者，形體羸瘦，肉色痿黃，口眼多合，腹肚低陷，兩眼通黃，兩拳微握，髮髻解脫，身上或有新舊針灸斑痕，餘無他故，即是因病死。

凡病患求乞在路死者，形體瘦劣，肉色痿黃，口眼合，兩手微握，口齒焦黃，唇不著齒。

邪魔中風卒死，屍多肥。肉色微黃，口眼合，頭髻緊，口內有涎沫，遍身無他故。

【譯文】

凡是害病死的人，身體薄弱，皮膚枯黃，嘴巴和眼睛一般都閉著，肚皮凹陷進去，眼睛也是蠟黃的，兩手稍微握著，髮髻散脫，身上可能有針灸治療的新舊傷疤。除外，若沒有其他異狀，就是病死的。

有些貧病討飯而死在街頭的人，身體都瘦弱不堪，皮膚枯黃，嘴巴和眼睛閉著，兩手稍微握著，嘴巴和牙齒枯燥而發黃，嘴唇和牙齒碰不到一塊兒。

因邪氣中風突然死亡的人，屍體多半肥胖，皮膚稍帶黃色，嘴巴和眼睛閉著，頭髮不亂，嘴裡有涎沫流出，渾身上下沒有其他異常表現。

卒死，肌肉不陷，口鼻內有涎沫，面色紫赤，蓋其人未死時，涎壅於上，氣不宣通，故面色即口鼻如此。

卒中死，眼開睛白，口齒開，牙關緊，間有口眼離斜，並口兩角、鼻內涎末流出，手腳拳曲。

中暗風，屍必肥。肉多渾白色，口眼皆閉，涎唾流溢。卒死於邪祟，其屍不在於肥瘦，兩手皆握，手足爪甲多青。或暗風，如髮驚搐死者，口眼多離斜，手足必拳縮，臂腿手足細小，涎沫亦流。以上三項大略相似，更需檢時仔細

突然昏迷倒地死亡的人，肌肉不凹陷，嘴巴和鼻孔裡有涎沫流出，面色呈紅紫色。這是因為這種人還沒有死的時候，涎沫壅塞，呼吸受阻，臉上、口、鼻孔才有這種特徵。

突然中風死亡的人，眼睛睜開，眼珠翻白，唇開齒露，牙關緊閉，有的顏面神經麻痺，嘴巴和眼睛歪斜，兩邊口角和鼻孔裡有涎末流出，手腳屈彎曲。

中暗風死的，多是肥胖的人，皮膚多像水浸過的一樣發白，嘴巴和眼睛閉著，涎沫從嘴裡流出來。因感染邪氣而突然死亡的，屍體肥瘦都有，兩手握拳，手腳指（趾）甲大都發青。有的中暗風好像驚怖痙攣死掉的一樣，嘴巴、眼睛多歪斜，手腳彎曲，四肢枯細，也有涎沫流出。以上三種死狀大概都差不多，檢驗的時候需要仔細分辨。

分別。

傷寒死，遍身紫赤色，口眼開，有紫汗流，唇亦微綻，手不握拳。

時氣死者，眼閉口開，遍身黃色，略有薄皮起，手足俱伸。

中暑死，都在五、六、七月，眼合，舌與糞門俱不出，面黃白色。

凍死者，面色痿黃，口內有涎沫，牙齒硬，身直，兩手緊抱胸前，兼衣服單薄。檢時，用酒醋洗，得少熱氣，則兩腮紅，面如芙蓉色，口有涎沫出，其涎不黏，此則凍

害傷寒病死的人，渾身紫紅色，嘴巴和眼睛都張開，有紫紅色的汗流出，嘴唇有些燥裂，手掌自然舒張。

害時疫死的人，眼睛閉著，嘴巴張開，渾身黃色，皮膚有些脫落，四肢伸直。

中暑死的，通常都在五、六、七月大熱天，屍體眼睛閉著，舌頭沒伸出來，肛門不脫出，面色發黃發白。

凍死的人，面色枯黃，嘴裡有涎沫，牙齒緊閉，屍身僵直，兩手緊緊抱在胸前，衣著單薄。檢驗的時候，用酒醋擦洗，屍體得到一些熱氣以後，兩面頰就泛紅，像芙蓉的花色，嘴裡有涎沫流出來，但不怎麼黏稠，這就是凍死的特徵。

死證。

飢餓死者，渾身黑瘦、硬直，眼閉口開，牙關緊禁，手腳俱伸。

或疾病死，值春夏秋初，申得遲，經隔兩三日，肚上臍下，兩脅肋骨縫，有微青色。此是病人死後，經日變動，腹內穢汙發作，攻注皮膚，致有此色。不是生前有他故，切宜仔細。

凡驗病死之人，才至檢所，先問原申人，其身死人來自何處？幾時到來？幾時得病？曾與不曾申官取責口詞？有無人認識？如收得口詞，即

餓死的人，渾身黑瘦，屍身硬直，眼睛閉著，嘴巴張開，牙關緊咬，四肢僵直。

有些害病死的，碰上春夏秋初氣候炎熱，報案遲了，隔了兩三天，屍身肚臍上下部分，兩瓣肋骨縫裡，呈顯淡淡的青色。這是病人死後，隔了一些時候，屍體發生變化，肚子裡那些骯髒的東西開始腐爛，發散到皮膚上的關係，所以有此顏色，而並不是生前被害，檢驗的時候一定要看仔細。

檢驗無主的病死屍體，到屍體現場後，首先要問原報案人，死者是從哪裡來的？什麼時候來的？什麼時候得病的？病重的時候，有沒有報官作成親口陳述的筆錄？有沒有什麼人認識他？如果報官時做成口述筆錄，就要問死者是得什麼病？年紀多大？得病多久才報官做

須問原患是何疾病？年多少？病的幾日方申官取問口詞？既得口詞之後，幾日身死？如無口詞，則問如何取口詞不得？若是奴婢，則需先討契書看，問有無親戚？患是何病？曾請是何醫人？吃甚藥？曾與不曾申官取口詞？如無，則問不責口詞因依，然後對眾證定；如別無他故，只取眾定驗狀，稱說，遍身黃色，骨瘦，委是生前因患是何疾致死。仍取醫人定驗疾色狀一紙。如委的眾證因病身死分明，原初雖不曾取責口詞，但不是非理致死，不需牒請複驗。

成口述筆錄？報官後隔了幾天才死？如果生前不曾向官府報告做成口述筆錄，就要追問為什麼不報官？如果死者是奴婢，要先向主人討賣身契約書看，問看有沒有親戚？害什麼病死的？曾經請哪個醫生診治過？吃了什麼藥？曾否向官府報告做成口述筆錄？如沒有，要問為什麼不報告做成口述筆錄？然後當眾檢驗，如果沒有可疑情狀，就可以寫驗屍報告，寫明死者渾身黃色，身體瘦弱，確是生前害某種病身死，連同醫生疾病診斷書附卷上報。如各方面證明是害病死的，雖然得病後不曾報官做成口述筆錄，但不是非正常死亡，就不必再請官複驗。

醫辨

1. 宋慈指出，突然中風死亡的人，眼睛睜開，眼珠翻白，唇開齒露，牙關緊閉，有的顏面神經麻痺，嘴巴和眼睛歪斜，兩邊口角和鼻孔裡有涎末流出，手腳屈曲。中暗風死的，多是肥胖人，皮膚多像水浸過的一樣發白色，嘴巴和眼睛閉著，涎沫從嘴裡淌出來。他的敘述很接近「中風」。醫學上的腦中風（Cerebral Vascular Accident. CVA），由許多因素造成突發性腦血管破裂或阻塞，致腦部組織缺氧或出血壓迫，使病人意識或神經功能喪失。可分為出血性中風（腦溢血）及阻塞性中風（腦梗塞）。推測宋慈所言：「卒中死，眼開睛白，口齒開牙關緊，間有口眼離斜」，較像出血性中風，它的症狀為突然頭痛、一日內意識逐漸惡化、失語症、眼震（口眼離斜／睛白）、眩暈，嘔吐、顱內壓上升，造成眼壓上升及瞳孔縮小。至於眼睛張開，可能發生腦溢血當下，病患處在情緒激動血壓突升的狀況（俗諺：「被人氣到中風」、「氣到腦都滾沸了」），也有可能造成眼壓高，雙目猙獰。
2. 宋慈云：「中暗風，屍必肥，口眼皆閉，涎唾流溢」，症狀較像阻塞性中風，肥胖者伴隨高血壓、高血脂、糖尿病機會高，日積月累形成腦血管粥狀硬化及梗塞，症狀之一是單側肢體突然無力或者感覺異常、麻木。之二是腦幹缺血症狀，如暈眩、複視或步履不穩的現象及意識不清。之三是眼動脈阻塞，單眼突然失明，約十幾分鐘才逐漸恢復。

醫學小知識

腦中風（Cerebral Vascular Accident. CVA）：在台灣，自一九六二年至一九八二年腦中風為十大死因之首，直至一九八三年始降為第二死因，但每年仍有一萬五千人死於該病，且每年罹患此病的人數有增加的趨勢，年齡層亦有降低的情形。致死率三十天內平均為二四%，腦出血致死率為四〇%，腦梗塞為十二．一%。而在存活者中約有七十五%伴隨不同程度的功能損傷導致的殘障。腦中風易再復發且比前次更為嚴重，死亡率及後遺症亦高。

腦血管疾病的分類有：出血性中風及阻塞性中風。

1. 出血性中風，俗稱腦溢血：又分腦出血（惡性高血壓腦出血）及蜘蛛膜下腔出血（動脈瘤及動靜脈畸形破裂）。症狀依出血位置有所不同：

（1）大腦（基底核及視丘區）：臨床症狀跟血塊所壓迫的位置有關，在初期有可能只是突然頭痛，意識可能急速喪失或二十四－四十八小時內意識狀態逐漸惡化，當然有可能半身不遂，半身感覺喪失或同側半盲，在意識喪失之前，病人常感覺肢體無力。

（2）小腦：突發性的頭痛而且後續的症狀是較快速發展，會有小腦及腦幹的症狀表現，如嚴重的運動失調、失語症、眼顫、眩暈以及嘔吐，阻塞性水腦症及顱內壓上升。

（3）橋腦：意識突然喪失、四肢癱瘓、呼吸不規律常以呼吸變慢來表現，瞳孔變成針狀以及有不正常的發燒，眼睛運動歪斜並且無共軛性，當出血在這個位置時，病人通常會死亡。

2. 阻塞性中風：腦血管栓塞引起，其主要原因是高血壓、心臟疾病、糖尿病導致血管粥樣硬化。（參考資料：「慈濟醫院網站．腦血管疾病治療研究中心」；「陽明大學附設醫院網站．神經內科朱復興醫師」。）

三十、針灸死

【原文】

須勾①醫人驗針灸處，是與不是穴道，雖無意致殺，亦須說顯是針灸殺，亦可科醫不應為罪。

【譯文】

因用針灸治病，發生醫療事故而死亡的，應該拘傳醫生到案，檢驗針扎的穴位正不正確。這類案件，雖說是無意殺人，但總是醫療過失，也應當追究醫生的責任。

① 勾指拘提、傳喚到案。

三十一、剳口詞

【原文】

凡抄剳口詞，恐非正身，或以他人偽作病狀，代其飾說，一時不可辨認。合於所判狀內云：「日後或死亡申官，從條檢驗。」庶使豪強之家，預知所警。

【譯文】

凡是製作病人口述筆錄，要防止所報病重的人並不是真病人。比如有人預先布置別人假裝害病，官府查問時，假病人就編些假話代為掩飾。這情況，當場是難以辨別清楚的。主管官員應在口述筆錄上批示：「日後如果死亡報官，一定依法逐項仔細檢驗。」這樣便能使得那些心懷不軌的有財有勢的人有所警惕。

卷五

三十二、驗罪囚死

【原文】

凡驗諸處獄內非理致死囚人，須當逕申提刑司，即時入發遞鋪。

【譯文】

凡是檢驗各地非正常死亡的在押囚犯，驗畢後，要立即將驗屍報告交給郵站傳遞，直接上報省級司法機關。

三十三、受杖死

【原文】

定所受杖處瘡痕闊狹，看陰囊及婦人陰門，並兩脅肋、腰、小腹等處有無血蔭痕。小杖痕，左邊橫長三寸，闊二寸五分，右邊橫長三寸五分，闊三寸。各深三分。大杖痕，左右各方圓三寸至三寸五分，各深三分，各有膿水。兼瘡周回，亦有膿水，淹浸皮肉潰爛去處。背上杖瘡，橫長五寸，闊三寸，深五分。如日數淺時，宜說兼瘡周回，有毒氣攻

【譯文】

檢驗受杖刑死的屍體，要檢驗受刑地方創痕的長寬大小，男人要看陰囊，女人要看陰門，以及兩脅肋、腰部、小腹等部位，有沒有血印。用小杖打在屁股和腿上的，左邊的創痕橫長三寸，闊二寸五分；右邊的橫長三寸五分，闊三寸；兩邊各深三分。用大杖打在屁股和腿上的，左右兩邊創痕長闊都是三寸至三寸五分，深三分，傷口有膿水，創痕周圍和皮肉潰爛的地方，都有膿水浸潤。背部杖傷創痕，橫長五寸，闊三寸，深五分。如離受刑日子不久，驗屍報告上要寫明創傷周圍毒水蔓延，呈青紅色，堅硬脫皮。如果日子久了，就要寫明創痕周圍和皮肉潰爛的地方都有膿水浸潤，由於調養無效，而造成死亡。還有一種，應該打在腿上的板子，卻

注、青赤皮緊硬去處。如日數多時，宜說兼瘡周回亦有膿水淹浸、皮肉潰爛去處，將養不較，致命身死。又有訊腿杖，而荊杖侵及外腎而死者，尤須細驗。

打傷了陰囊，因此而死亡的，更要仔細檢驗。

醫辨

1.受杖刑致死：目前先進國家已無杖刑，但仍有幫派持棍鬥毆事件，後者的傷勢，比起杖刑擊打的位置更加分散，四肢軀幹皆有可能留下傷痕。古代杖刑多集中在腰背臀腿，有的人可能在第一時間因過度擊打，導致出血休克昏厥（fainting），有的人則在事後因傷感染細菌形成蜂窩性組織炎（cellulitis），引起敗血症身亡或是橫紋肌溶解（Rhabdomyolysis），造成急性腎衰竭。

2.擊打陰囊或睪丸破裂會導致死亡嗎？台語有句俗諺叫：「捏ＬＰ自殺」，也確有真實案件，二〇一二年中國海南省發生兩造爭執，雙方因口角出手，某方抓捏對方陰囊不放致死。捏ＬＰ造成傷亡，其生理機轉應該是過度疼痛導致神經性休克（neurogenic shock），或誘發血管迷走神經性昏厥（vasovagal syncope）。由於精神創傷、外傷、劇痛、腦外傷和麻醉意外，可造成血管阻力降低、血壓突降進而形成意識模糊與昏厥或心臟麻痺。假若疼痛過度休克期拉長又無法及時搶救，確實有可能造成心肺衰竭死亡。因個人體質對疼痛忍耐力有所不同，「捏ＬＰ」是否真的會死，還是必須視情況而定。

醫學小知識

神經性休克——

1.休克早期：面色蒼白、煩躁不安、四肢濕冷、冒冷汗、心跳加快、脈搏尚有、血壓不穩定、忽高忽低、脈壓差小、口渴、尿少。

2.休克期：表情淡漠、反應遲鈍、意識模糊、脈搏細速、收縮壓降至八〇mmHg，表淺靜脈血管萎陷，尿量減少到每小時二〇毫升以下。嚴重休克的病人呼吸急促，甚至昏迷，收縮壓可低於六〇mmHg以下，且無尿。

3.休克晚期：常見消化道出血和尿血、發生心臟衰竭、急性呼吸衰竭，急性腎功能衰竭、急性肝功能衰竭等多重器官衰竭。（參考資料：「醫學百科」，http://0rz.tw/dHaCW。）

三十四、跌死

【原文】

凡從樹及屋臨高跌死者，看枝柯掛撕所在，並屋高低、失腳處蹤跡，或土痕高下，及要害處須有抵隱或物擦磕痕瘢。若內損致命痕者，口眼耳鼻內定有血出。若傷重分明，更當仔細驗之，仍量撲落處高低丈尺。

【譯文】

凡是從很高的樹上或房屋上跌死的，要驗看樹枝牽絆的地方及房屋高度，看失足的地方附近痕跡。死者要害部位一定有撞破，或者被其他東西碰破擦破的傷痕。如果內臟受了致命傷，那麼，口、眼、耳、鼻裡邊一定有血流出。如果傷勢嚴重，很明顯是跌死的，更要仔細檢驗，把跌落地方的高低丈量清楚。

三十五、塌壓死

【原文】

凡被塌壓死者，兩眼皺出，舌亦出，兩手微握，遍身死血淤紫黯色。或鼻有血，或清水出。傷處有血蔭赤腫，皮破處四畔赤腫，或骨并筋皮斷折。須壓著要害致命，如不壓著要害不致死。死後壓即無此狀。

凡檢舍屋及牆倒石頭脫落壓著身死人，其屍沿身虛怯要害去處若有痕損，須說長闊分寸，作堅硬物壓痕，仍看骨損與不損。若樹木壓死，要見得所倒樹木，斜傷著痕損分寸。

【譯文】

凡被倒塌的重物壓死的，屍體兩眼凸出，舌頭伸出，兩手稍微握拳，渾身因淤血積聚皮下而呈紫黑色，有的鼻孔流血，有的流出清水。直接被壓傷的地方會出現血印和紅腫，皮破的地方四周紅腫，有的骨頭、肌腱、皮肉斷裂。這類死亡，必須壓在要害地方才能致命，假使沒有壓著要害，就不會致命。人死以後再重壓的沒有上述這些特徵。

檢驗因房屋倒塌、牆壁傾崩、石頭脫落等而壓死的，如果屍體渾身沒有骨頭的要害地方有傷痕，驗屍報告上就要寫明大小多少，是硬重東西壓著的傷痕，此外，還要看骨頭有沒有折斷。如果是樹木壓死的，要看倒下的樹木是哪一部分壓到，再用以比對傷痕分寸，看是否符合。

醫辨

1.宋慈曰：「凡被塌壓死者……或鼻有血，或清水出」，按頭部受撞擊時，鼻內有兩處微血管叢——鼻前庭的Little's area與後鼻外側的Woodruff's area最容易破裂出血。外頸動脈分支出蝶顎動脈、大顎動脈、咽動脈，及內頸動脈分支篩動脈，聯合形成血管叢。除了劇烈撞擊導致破裂外，還有乾冷空氣、高血壓、凝血功能不佳（血友病、肝硬化）、使用抗凝血藥物，也會造成口鼻出血。宋慈言及：「清水出」，推測可能是前顱窩骨折造成腦脊髓液漏滲（CSF leakage）所致。腦脊髓液外觀呈現淡黃色或清澈透明液體（成份為葡萄糖五〇～一〇〇 mg/dL、β2-transferrin酵素）；腦脊髓液可能滲漏出口為鼻漏（rhinorrhea，來自前顱窩骨折）或耳漏（otorrhea，來自顳骨骨折）。因頭部創傷或手術後遺症，導致硬腦膜及蜘蛛膜有裂痕或形成瘻管，也會造成腦脊髓液漏滲至鼻腔或耳道。

2.當頭部出現撕裂、瘀血，可能暗示有頭部外傷，但外傷性顱內出血也可能出現在頭部外表沒有傷痕的病人。醫師可用手指探測頭皮是否有凹陷性骨折（depressed fracture）。假如額頭有撕裂或瘀血，因為頭部被強力牽扯的關係，也要考慮是否合併有頸脊椎外傷。另外顱底骨折的可能也不能排除。一旦顱底發生骨折，就有潛在感染腦膜炎的危險。顱底骨折可分為前顱窩骨折（ant. cranial fossa skull base fr）及顳骨骨折（petrous of temporal bone fr）兩大類。

醫學小知識

1. 前顱窩骨折：腦脊髓液鼻漏（CSF rhinorrhea），若鼻孔分泌物含葡萄糖，則為腦脊髓液而非鼻黏液。兩側眼眶周圍瘀血，狀如熊貓或浣熊（panda or raccoon）稱之浣熊眼徵象（raccoon eye sign）。眼結膜下出血表示眼窩內有出血。
2. 顳骨骨折：主要病徵有Battle氏徵象（Battle's sign），即在耳後乳突（mastoid）有皮下瘀血。嚴重時會有腦脊髓液或血液從耳道流出。（參考資料：「台北榮總醫院神經外科——頭部外傷疾病簡介」，http://ppt.cc/_Mib。）

三十六、外物壓塞口鼻死

【原文】

凡被人以衣服或濕紙搭口、鼻死，則腹乾脹。

若被人以外物壓塞口鼻，出氣不得後命絕死者，眼開睛突，口、鼻內流出清血水，滿面血蔭赤黑色，糞門突出及便溺汙壞衣服。

【譯文】

凡是被人用衣服或濕紙搭在口鼻上悶死的，腹部有乾脹的情狀。

如果是被人用東西壓塞口鼻，沒辦法出氣而命絕身死的，眼睛張開而外凸，口鼻內流出清水，滿面血印呈赤黑色，肛門凸出，便溺也會弄髒衣服。

三十七、硬物癮痞死

【原文】

凡被外物癮痞死①者，肋後有癮痞著紫赤腫，方圓三寸四寸以來，皮不破，用手揣捏得筋骨傷損，此最為虛怯要害致命去處。

【譯文】

凡是被堅硬東西撞擊致死的人，肋後撞擊處會出現浮腫，呈紫紅色，約三寸至四寸見方，皮膚不會破裂，用手摸捏可以感覺得到肋骨傷損，這就是虛弱要害致命的部位。

① 痞死，瘧死。

三十八、牛馬踏死

【原文】

凡被馬踏死者，屍色微黄，兩手散，頭髮不慢，口、鼻中多有血出，痕黑色。被踏要害處便死，骨折，腸臟出。若只築倒或踏不著要害處，即有皮破、癮赤黑痕，不致死。驢足痕小。牛角觸著，若皮不破，傷亦赤腫。觸著處多在心頭、胸前，或在小腹、脅肋亦不可拘。

【譯文】

凡是被馬踏死的，屍體的顏色微黃，兩手散開在身體旁，頭髮不散亂，口鼻中多有血流出的黑色痕跡。被踏著要害部位會死，骨折，內部的腸臟露出；如果只是撞倒而沒踏到要害處，就有紅黑色的破皮傷痕，不致死亡。驢踏的，足痕較小。牛角抵觸著的，若皮不破，傷也會赤腫。抵觸到的地方一般多在上腹部，胸前，或在小腹脅肋，但這部位並不一定。

醫辨

這讓筆者想起群眾踩踏意外事件。最近一次為埃及開羅足球場發生嚴重警民衝突，共二十二人在動亂中被踩死，有些死者的脖子甚至遭踏踩斷裂。上海也曾發生黃浦外灘跨年活動，群眾推擠踩踏，造成三十五死、四十二傷。牛馬踩踏致命傷與人群推擠相當，多分布在頭頸胸腹。專業的消防員提醒：一旦感覺自己快被推到倒下時，趕緊和身旁的人「手勾手」，讓身體彎成弓狀，集中力量形成蜘蛛網般的交錯連結，即可防止跌倒；假若不幸跌倒，趕緊用手保護頭部和頸部。雙手交叉緊扣頸後，雙肘向前保護頭部，形成如安全帽般的防護，身體也得卷曲成球狀，用捲曲的方式保護肋骨。

三十九、車輪拶死

【原文】

凡被車輪拶①死者，其屍肉色微黃，口、眼開，兩手微握，頭髻緊。凡車輪頭拶著處，多在心頭、胸前並兩脅肋要害處便死。不是要害不致死。

【譯文】

凡是被車輪碾壓而死的，其屍身肉色微黃，口眼張開，兩手微握，髮髻不散。凡車輪迎面碾撞的部位，多在心頭胸前和兩脅肋。碾撞著要害處便死亡，不在要害處並不致死。

① 拶，逼、擠壓。

醫辨

宋慈觀察到被車輪撞到，多是傷在上半身，這與今日急診室處理的遭車輛撞擊傷者的情況類似：行人正常行走，遭到小客車撞擊，通常傷在下肢——這是由於被小車保險杆撞到的關係；如係遭大型車（類似古代大馬車）撞擊，因為大車底盤較高，則傷在上半身較多。

四十、雷震死

【原文】

凡被雷震死者，其屍肉色焦黃，渾身軟黑，兩手拳散、口開，眼，耳後、髮際焦黃，頭髻披散，燒著處皮肉緊硬而攣縮，身上衣服被天火燒爛；或不火燒。傷損痕跡多在腦上及腦後，腦縫多開，鬢髮如燄火燒著。從上至下，時有手掌大片浮皮，紫赤，肉不損，胸、項、背、膊上或有似篆文痕。

【譯文】

凡是被雷震死的，其屍肉色焦黃，渾身鬆軟發黑，兩手舒張，口張開，眼皮、耳後、髮際焦黃，頭髻披散，燒到的地方皮肉堅硬緊縮，身上衣服被雷火燒爛；或者不燒爛。傷損痕跡，多分布在腦上及腦後，腦縫多有裂開，鬢髮像被焰火燒到。從上到下，常見有手掌大的大片浮皮，呈紫紅色，肉不損壞，胸前、項上、背後、胳膊上，常有類似篆文那樣的痕跡。

醫辨

宋慈指出雷震死者。傷損痕跡多在腦上及腦後，腦縫多裂開。胸前、項上、背後、胳膊上，常有類似篆文樣的痕跡。按醫療上觀察到雷擊傷特有鑑別診斷為毛絮紋路葉脈走向。有人覺得這像甲骨文或象形文，宋慈綜結古人看法，覺得像篆文。在美國每年約有三○○—六○○人遭雷擊死亡，也約有數千人遭雷擊倖存。強大的閃電電流的作用是造成雷擊傷的最重要原因，神經和心臟麻痺則為死亡主因。雷擊時常有大雨或水氣，所以皮膚容易潮濕，引導電流穿過，因此常見電流熱效應將皮膚燒開。而人體的各部位組織其電阻亦不同，依電阻由低而高排列為：神經、血管、肌肉、皮膚、肌腱、脂肪和骨頭，電阻越高的軟骨與骨頭，傷害越小，相對的肌肉與結締組織有較低的電阻，即遭到較高的傷害①，所以宋慈才說：

①陳咸伸等〈雷擊傷害病例報告〉，《台灣醫界》二〇一一，Vol.五四，No.一〇。

醫學小知識

遭雷擊有四種情況：第一是閃電直接擊中，第二是閃光旁濺傷（旁側閃擊），第三是地面傳導電傷（跨步電壓），第四是空氣膨脹造成的鈍傷；擊中部位、電流、接觸時間、路徑及閃電能量決定被閃電擊中傷患所造成的傷害程度。

「燒著處皮肉緊硬而攣縮」。皮膚濕度高低與傷害形式有密切的關係，當閃電擊落時，若此時皮膚較乾燥，則閃電通常直接穿入皮膚而在皮下組織完成導電路徑，形成象形文或篆文般的圖形；若皮膚較潮濕，則閃電通常直接在皮膚表面完成導電路徑，皮膚便會有宋慈所說的情況：「手掌大片浮皮」。

四十一、虎咬死

【原文】

凡被虎咬死者，屍肉色黃，口、眼多開，兩手拳握，髮髻散亂，糞出，傷處多不齊整，有舌舐齒咬痕跡。

虎咬人多咬頭項上，身上有爪痕掰損痕，傷處成窟或見骨，心頭、胸前、臂、腿上有傷處，地上有虎跡。

勒畫匠畫出虎跡，並勒村甲及傷人處鄰人供責為證。一云虎咬人月初咬頭項，月中咬腹背，月盡咬兩腳。貓兒咬鼠亦然。

【譯文】

凡是被虎咬死的，屍體肉色發黃，口眼多張開，兩手拳握，髮髻散亂，糞便脫出。傷口多不整齊，有舌舐齒咬的痕跡。

虎咬人多咬頭項上，屍身上有爪印撕裂的痕跡。傷處形成窟窿，有的看得見骨頭，上腹部、胸前、臂腿上有傷口，地上有老虎的足跡。

要叫畫匠畫下老虎的足跡，並令村長及出事地點的鄉民負責供述作證。有種說法說，虎咬人，月初咬頭項，月中咬腹背，月底咬兩腳。據說貓兒咬鼠也是這樣。

四十二、蛇蟲傷死

【原文】

凡被蛇蟲傷致死者，其被傷處微有齧損黑痕，四畔青腫，有青黃水流，毒氣灌注四肢，身體光腫、面黑。如檢此狀，即須定作毒氣灌著甚處致死。

【譯文】

凡是被蛇蟲咬傷致死的，被咬傷的地方有不太明顯的黑色齧咬痕，四周青腫，有青黃血水流出，蛇蟲毒氣灌注四肢，全身皮膚泛光浮腫，臉黑。如果檢驗到這種情況，應該驗清楚毒氣是灌注在什麼地方致死的。

醫辨

以毒蛇為例，毒液大分為神經毒與血液毒。神經毒（如雨傘節、眼鏡蛇）造成麻痺，被咬的人會出現肌肉僵硬、呼吸心跳受到抑制；血液毒（如百步蛇、龜殼花、青竹絲）則會破壞血管和循環系統，造成發炎、潰爛。以宋慈的觀察結果來看，他觀察到的大概是血液毒型的毒蛇咬傷後情況。

四十三、酒食醉飽死

【原文】

凡驗酒食醉飽致死者，先集會首等，對眾勒仵作行人用醋湯洗檢。在身如無痕損，以手拍死人肚皮，膨脹而響者，如此即是因酒食醉飽過度，腹脹心肺致死。仍取本家親的骨肉供狀，述死人生前常吃酒多少致醉，及取會首等狀，今來吃酒多少數目，以驗致死因依。

【譯文】

凡是驗酒食醉飽致死的屍體，要先召集與會的東道主等人，當面令仵作、隨侍用醋、熱水洗檢。全身如果沒有傷痕，用手拍死人肚皮膨脹而發出響聲的，這就是由於酒食醉飽過度，影響心肺功能致死。此外還要錄死者親屬的供狀，說明死者平時常吃酒多少就會醉，再錄與會的東道主等人的供狀，弄清楚這次死者喝酒多少，以驗證致死的前因後果。

醫辨

1. 這讓筆者想起再餵食症候群（refeeding syndrome），相傳唐朝杜甫因戰亂飢餓，終於遇上難得飽食一餐的機會，久旱逢甘霖，一頓飽餐之後卻意外死亡。除了胃容量過滿，造成上腹抽痛痙攣以及賁門（下食道括約肌）撕裂外，杜甫真正致命原因為心律不整、心肺衰竭。再餵食症候群發生原因為病人在慢性中重度營養不良情況下，過度餵食或施予靜脈營養治療，所導致的突發併發症。研究指出再餵食症候群盛行率為六%，在合併飢餓、酒精中毒，或慢性營養不良之重症病人盛行率更可能達二十五%。這是因為因血糖突然上升進而刺激胰島素分泌，減少升醣素的分泌，血液中電解質（磷、鎂、鉀及鈣）大量被耗用，快速下降，最終引發心律不整、呼吸衰竭，甚至死亡。其中以低血磷的變化最為顯著。①宋慈能在古代宋朝就已經歸納出「腹脹心肺致死」，令筆者佩服。
2. 急性酒精性併發症：飲酒過量可能大量消耗身體裡的維他命B、造成急性酒精肝炎、急性胰臟炎、胃潰瘍、十二指腸潰瘍、小腦麻痺。

---

①參考資料：王柏勝〈預防再餵食症候群之營養支持〉，《Taiwan Journal of Dietetics》2010; 2(1):63~67。

3. 慢性酒精性併發症：長期飲酒可能加速腦部老化過程、損傷智力、脂肪肝、肝硬化與食道靜脈曲張、慢性胃炎、心臟擴大、心室衰竭，以及誘發消化道系統癌症。

四十四、築踏內損死

【原文】

凡人吃酒食至飽，被築踏內損亦可致死。其狀甚難明。其屍外別無他故，唯口、鼻、糞門有飲食並糞帶血流出，遇此形狀，須仔細體究曾與人交爭，因而築踏?見人照證分明，方可定死狀。

【譯文】

凡是人吃酒飯吃太飽，再被人撞跌踏壓，造成內臟受傷，也可能致死。這樣死亡，很不容易驗出死因。這是因為屍體外表別無其他情況，只看到口鼻有食物，肛門脫出糞便，帶血流出。遇有這種形況，必須仔細觀察追究死者生前曾否與人爭鬥，因而被人推倒踏壓死。要見證人對質講清楚，才可以判定死因。

四十五、男子作過死

【原文】

凡男子作過太多，精氣耗盡，脫死於婦人身上者，真偽不可不察。真則陽不衰，偽者則痿。

【譯文】

凡是男子房事過多，精氣耗盡，脫陽死在婦人身上的，是否真為脫陽而死的，不可不仔細考察。確實是脫陽死的則陰莖仍然硬舉，假的則痿軟。

醫辨

1. 宋慈提到男子作過太多，精氣耗盡，此即性猝死；在房事過程中猝死，俗名馬上風。馬上風為出血性中風的一種。因為性交行為太過激烈，引發死者本有的舊疾（如：心臟病、冠狀動脈硬化、腦血管疾病），導致腦溢血昏厥或心搏過速心律不整，最後心跳停止。①臨床上真的死於性行為過程中的情況比較少，較多數是房事後死亡。性行為本身其實沒有可致死的原因，就算精水用盡也不會人亡。
2. 在行為過程中死亡時，是否真會陽不衰？陰莖能勃起是因副交感神經亢進、海綿體充血；直至射精後，轉為交感神經亢進，此時血液回到全身循環，陰莖恢復下垂狀態。死亡時若交感神經尚未亢進，當然有可能陽具不衰，但是並非永久，待副交感神經末梢化學傳導分子代謝完畢，陰莖仍會下垂。

① 參考資料：「維基」，http://ppt.cc/PMAdo。

四十六、遺路死

【原文】

或是被打死者扛在路傍，者正只申官作遺路死屍，須是仔細。如有痕跡，合申官多方體訪。

【譯文】

有那種被人打死，棄屍在路旁，假裝半路上暴斃的，鄉保人員只報官當作遺路死屍含糊了事。檢驗時需要仔細驗看。如果發現可疑傷痕，應當報官，多方面查訪才是。

四十七、死後仰臥停泊有微赤色

【原文】

凡死人項後、背上、兩肋後、腰腿內、兩臂上、兩腿後、兩曲、兩腳肚子上下，有微赤色。驗是本人身死後，一向仰臥停泊，血脈墜下，致有此微赤色，即不是別致他故身死。

【譯文】

凡是死人項後、背上、兩肋後、腰、腿內、兩臂上、兩腿後、兩膕窩、兩腿肚子上下有微赤色的。檢驗時要問清楚是不是本人身死後，一直仰臥停屍著，血液下墜積聚，以致有這種微赤色的屍斑；如果不是，那就有可能是因為其他原故致死。

醫辨

宋慈所觀察到的情況即是屍斑的形成過程。人在死亡後約半小時到四小時會出現屍斑；屍斑一般分布在屍體低下靠地面的部位。這是由於死後，血管中的體力失去心臟壓縮的動力，便會向地心引力流動，血滲出血管，連同流聚的組織液在體表形成紫紅色的斑塊。如果屍斑出現的部位和屍體陳屍的姿勢位置不符，表示屍體被移動過，那就是可疑之處，應當深究。

四十八、死後蟲鼠犬傷

【原文】

凡人死後被蟲鼠傷，即皮破無血，破處周回有蟲鼠齧痕蹤跡，有皮肉不齊去處。若狗咬，則痕跡粗大。

【譯文】

凡人死後被蟲鼠咬傷的，則皮破無血，被咬傷處周圍有明顯的蟲鼠啃咬的痕跡，創緣是不整齊的。如果是狗咬的，則齒痕較為粗大。

四十九、發塚

【原文】

驗是甚向墳？圍長闊多少？被賊人開鋤，墳上狼藉，鍬鋤開深尺寸？見板或開棺見屍？勒所報人具出死人原裝著衣服物色，有甚不見被賊人偷去？

【譯文】

墳墓被盜的，檢驗的時候，要看墓葬座落在什麼方向？墳圍的長闊多少？被賊人開掘，墳土會亂七八糟，開掘深多少尺寸？只見棺板或開棺見屍？勒令報案人具體報出死人原來穿著什麼殮衣和陪葬品件數，有什麼不見，被賊人偷去了？

五十、驗鄰縣屍

【原文】

凡鄰縣有屍在山林荒僻處，經久損壞，無皮肉，本縣已作病死檢了，卻牒鄰縣複，蓋為他前檢不明，於心未安，相攀複檢。有如此類，莫若據直申：「其屍見有白骨一副，手、足、頭全，並無皮肉、腸胃，驗是死經多日，即不見得因何致死，所有屍骨未敢給付埋殯。」申所屬施行。不可被公人給作「無憑檢驗」。

凡被牒往他縣複檢者，

【譯文】

凡是鄰縣屍陳在山林荒僻的地方，經久損壞，沒有皮肉，本縣已經當作病死檢驗過了，卻發出公文請鄰縣複驗，這是因為他們感到先前檢驗不夠明白，心有不安，所以相請鄰縣複驗。遇到這類情況，最好還是據實上報：「該屍現在只剩白骨一副，手、足、頭齊全，沒有皮肉、腸胃，檢驗已在死後多時，驗不出是因為什麼致死的了。所有屍骨未敢交付屍親埋殯。」再報請所屬上級指示辦理。不可被吏役等所欺騙，當作「無憑檢驗」處理。

凡是被公文召往他縣進行複驗的，先要填具接奉公

先具承牒時辰，起離前去事狀，申所屬官司。值夜，止宿。及到地頭，次弟取責於連人罪狀，致死今經幾日方行檢驗？如經停日久，委的皮肉壞爛不任看驗者，即具仵作行人等眾狀，稱：「屍首頭、項、口、眼、耳、鼻、咽喉上下至心胸、肚臍、小腹、手腳等並遍身上下，屍脹臭爛，蛆蟲往來咂食，不任檢驗。」如稍可驗，即先用水洗去浮蛆蟲，仔細依理檢驗。

文的時刻和起程前去的具體情況，申報所屬上級機關。夜裡才到，先住一晚。等聯絡到地頭，再按次訊問記錄有關人等的罪狀，致死到今隔了幾天方才檢驗？如果屍體停放日久，確實已是皮肉壞爛，不堪看驗了的，就叫仵作隨侍等人具體寫下：「屍首的頭、項、口、眼、耳、鼻、咽喉、手、腳等，全身上下，膨脹臭爛，蛆蟲往來咬食，不堪檢驗。」如果稍微可以驗的，先用水洗去屍上的浮蛆蟲子，再仔細依規定檢驗。

五十一、辟穢方

【原文】

【三神湯】能辟死氣。蒼朮二兩，米泔浸兩宿，焙乾；白朮半兩，甘草半兩，炙。右①為細末，每服二錢，入鹽少許，點服。

【辟穢丹】能辟穢氣。麝香少許、細辛半兩、甘松一兩、川芎二兩。右為細末，蜜圓如彈子大，久窨②為妙，每用一圓燒之。

【蘇合香圓】每一圓含化，尤能辟惡。

【譯文】

【三神湯】能避免屍體上散發出來的疫氣傳染。蒼朮二兩，加淘米水浸二個晚上後烘乾；白朮半兩，加甘草半兩烤乾。以上研成細末，每次服二錢，放入食鹽少許，分多次服用。

【辟穢丹】能解除屍體上散發出來的臭髒氣味。麝香少許、細辛半兩、甘松一兩、川芎一兩以上藥做成細末，和蜜蠟丸子如彈子大，陰藏在藥罐裡，久藏的最好，每次用的時候取一丸焚燒煙燻。

【蘇合香圓】每次用一丸含在嘴裡化開服用，就能解除毒氣。

① 右通用；或有迂曲之意。於此指用以迴磨成粉。
② 窨指窨藏。

五十二、救死方

【原文】

若縊，從早至夜雖冷亦可救；從夜至早稍難。若心下溫，一日以上猶可救，不得截繩，但款款抱解放臥，令一人踏其兩肩，以手拔其髮常令緊；一人微微捻整喉嚨，依先以手擦胸上散動之；一人磨搦臂、足屈伸之，若已僵，但漸漸強屈之；又按其腹。如此一飯久，即氣從口出，復呼吸、眼開。勿苦勞動。又以少官桂湯及粥飲與之，令潤咽喉。更

【譯文】

如果吊死者是從白天吊到晚上的，雖然屍體冷了也還可以救得回來，隔夜吊到早上的，就有點困難。如果心頭還溫熱，吊一天以上的還有得救。解救時不可直接截斷繩索，要慢慢抱住人之後解下來，把人放倒仰臥，令一人用腳蹬住死者兩肩，以手揪住其頭髮，把頭向上拉緊，讓脖頸保持平直通順，另一人輕輕按摩死者喉嚨，再按摩胸部，疏通氣脈，又再叫人按摩他的臂、腿，使它柔軟能曲伸。如果屍體已經僵硬了，可以慢慢用力，使關節彎曲。再按摩他的腹部，這樣操作，經過一頓飯時之久，就會有氣從口中吐出，便能恢復呼吸。救治的人不要嫌累而不做。同時拿少許官桂湯及粥給他吃，潤濕他的喉嚨，再叫二人以筆管吹氣到他耳內。如

令二人以筆管吹其耳內。若依此救，無有不活者。又法：緊用手罨其口，勿令通氣，兩時許氣急即活。又用皂角、細辛等分為末，如大豆許吹兩鼻孔。

水溺，一宿者尚可救，搗皂角以棉裹納下部內，須臾出水即活。又屈死人兩足著人肩上，以死人背貼生人背擔走，吐出水即活。又先打壁泥一堵置地上，卻以死者仰臥其上，更以壁土覆之，止露口、眼，自然水氣翕①入泥間，其人遂蘇。洪丞相在鄱陽，有溺水者身僵氣絕，用此法救即蘇。又

能按照這樣辦法救治，沒有不活的。還有一種方法，用手緊按住死者的口，不要讓他呼吸，等過了約兩個時辰左右，氣憋急了即可救活。再一種方法，用皂角、細辛等分研成細末，像一粒大豆那麼多，吹入死者兩鼻孔也行。

水淹死的，過了一晚的還有得救，先用皂角搗爛，以綿絮包裹塞入其肛門，不用多久，九孔流出水來即能救活。另一種方法，把死者兩腿彎曲起來，擱在身強力壯的人肩頭上，讓死者背部貼著活人的背脊，倒揹著走動，讓死者把肚裡的水吐出來，即能救活。還有一種方法，先打碎一堆乾燥的牆土，鋪在地上，讓死者仰臥平放在上面，再以牆土覆蓋死者，只露出口眼，死者身上的水氣被乾泥吸乾後即能救活。洪丞相在鄱陽時，遇到已經身僵氣絕的溺水者，用這個法子救治，就救活了人。另一種方法是用炒熱的沙子蓋在死者臉上，上下蓋

炒熱沙覆死人面，上下著沙，只留出口、耳、鼻，沙冷濕又換，數易即蘇。又醋半盞灌鼻中，又綿裹石灰納下部中，水出即活。又倒懸，以好酒灌鼻中及下部。又倒懸，解去衣，去臍中垢，令兩人以筆管吹其耳。又急解死人衣服，於臍上灸百壯。

暍②死於行路上，旋以刀器掘開一穴，入水搗之，卻取爛漿以灌死者即活。中暍不省人事者，與冷水吃即死，但且急取灶間微熱灰壅之，復以稍熱湯蘸手巾熨腹脅間，良久甦醒，不宜便與冷物吃。

滿沙子，只露出口、耳、鼻，沙變冷濕後就換掉，換掉數次之後，也能救活人。再一種方法，用半杯醋，從死者鼻孔灌進去。再一種方法，用綿花包裹石灰，塞入死者的肛門中，等肚子裡的水吐出來，就救了活。再一種方法，將死者倒抱，以上好的酒灌入鼻孔和肛門也可行。再一種方法，將死者倒抱，脫掉濕衣服，去掉肚臍裡的汙垢，再叫兩人以筆管吹死者的兩耳。再一種方法，趕快脫去死者濕衣服，在肚臍上以艾葉薰灸一百灼也行。

中暑死在路上的，趕快用銳器在泥地上挖一個小土窟，灌水進去，搗成爛泥漿，用這種泥漿水灌給死者喝，就能救活。中暑昏迷不省人事的，給他冷水吃他會馬上死。應該趕快取些爐灶間的微熱灰捂住他，再用稍熱的水蘸手巾熨在腹脅之間，過一段時間他就會醒過來。絕不能立即給他吃冰冷的東西。

凍死，四肢直、口噤、有微氣者，用大鍋炒灰，令暖袋盛，熨心上，冷即換之，候目開，以溫酒及清粥稍稍與之。若不先溫其心便以火炙，即冷氣與火爭，必死。又用氈或藁薦卷之，以索繫，令二人相對踏令兗轉③、往來如衦④，摩展衣也。氈法，候四肢溫即止。

魘死，不得用燈火照，不得近前急喚，多殺人。但痛咬其足根及足拇指畔及唾其面必活。魘不省者，移動些小臥處，徐徐喚之即省。夜間魘者，原有燈即存，原無燈切不

凍死的，四肢僵直，嘴巴緊閉，還有微弱呼吸的，用大鍋炒灰炒到溫熱，用袋子盛好，熨在胸口上，冷了就換，等他眼睛睜開，再給他吃一些溫酒及清粥。如果不先使他的心臟溫暖，便用火烤，那麼凍僵的身體突然接觸到高溫，必會加速其死亡。另一種方法，用氈或草席把凍死者捲起來，用繩子固定，再叫二人面對面，用腳推動屍體，來回滾動死者，像洗氈子那樣一樣，待凍死者四肢回暖後即可停止。

夜間夢魘死的，不能用燈火照，不能前去急聲叫喚，如果用燈火照或急聲叫喚，反而容易讓他更快死亡。只能重重的咬其腳跟和足拇指邊緣，及吐唾液在死者臉上，必能救活。夢魘昏迷不省人事的，可將其床鋪稍稍移動，慢慢呼喚他，即能清醒。夜間夢魘的，原來有點燈的保持原狀，原來沒點燈的千萬不可掌燈照看。

可用燈照。又用筆管吹兩耳，及取病人頭髮二七莖捻作繩，刺入鼻中。又鹽湯灌之。又研韭汁半盞灌鼻中，冬用根亦得。又灸兩足大拇指聚毛中三七壯——聚毛，乃腳指向上生毛處。又皂角末如大豆許，吹兩鼻內，得嚏則氣通，三四日者尚可救。

中惡⑤客忤卒死。凡卒死，或先病，及睡臥間忽然而絕，皆是中惡也。用韭黃心於男左女右鼻內，刺入六七寸，令目間血出即活。視上唇內沿，有如粟米粒，以針挑破。又用皂角或生半夏末，如大豆

另一種方法，用筆管吹兩耳，並取下其十四根頭髮，捻成小繩，伸進鼻孔裡加以刺激。還有一種方法，只用鹽開水灌喝。再一種方法，把韭菜搗爛取汁，約半杯用量灌進其鼻孔裡。冬天找不到韭菜，用韭菜根也可以。再一種方法，用艾葉薰兩腳拇指聚毛，反覆熛炙二十一灼。——聚毛指的是腳指上生毛處。再一種方法，用皂角粉末，如一粒大豆那樣多，吹入其兩鼻孔內，等他打出噴嚏便通了氣，魘死三、四天的都還可以救活。

凡是突然暴斃死的，有的是先害病，睡覺之間忽然就死的，這都是中了惡氣關係。救治辦法有：用韭黃心從死者鼻孔裡——男左女右，刺入約六七寸，讓他兩眼之間出點血，就能救活。翻看死者上唇內沿，有像粟米粒大的疙瘩，也要用針挑破。另一種方法，用皂角或生半夏末，量像一粒大豆那樣多，吹入兩鼻孔中讓他吸進去。另一種方法就是用羊屎燒煙熏鼻孔。還有一種方法

許，吹入兩鼻。又用羊屎燒煙薰鼻中。又綿浸好酒半盞，手按令汁入鼻中，及提其兩手，勿令驚，須臾即活。又灸臍中百壯，鼻中吹皂角末，或研韭汁灌耳中。又用生菖蒲，研取汁一盞灌之。

殺傷，凡殺傷不透膜者，乳香、沒藥各一，皂角子大小，研爛，以小便半盞、好酒半盞同煎，通口服。然後用花蕊石散或烏賊魚骨，或龍骨為末，傅瘡口上，立止。推官宋瑑定驗兩處殺傷，氣偶未絕，亟令保甲各取蔥白熱鍋炒熟，遍傅傷處，繼而呻吟，再易蔥

是用絲綿浸在半杯好酒裡，然後取出絲棉，手捏絲棉使酒液滴入鼻中，同時提高他的雙手，這過程千萬不能讓他感到驚恐，很快就能救活。再有一種方法，用艾葉在肚臍中薰炙一百灼，鼻孔裡吹進皂角末，或將韭菜磨成汁灌進耳中。另一種方法，將生菖蒲搗爛，擠出汁來，盛滿一杯，撥開他的牙齒灌喝下去也行。

殺傷，如果沒有傷及內臟，就還有救。用乳香、沒藥各一分，份量大概和皂角子一樣，磨爛後，用小便半杯，好酒半杯一同煎煮，溫熱時一口氣讓他喝下去，然後用花蕊石散，或烏賊魚骨，或龍骨磨成粉，敷在傷口上，就能止痛止血。判官宋瑑驗過兩起殺傷案，當時看見傷者還有一絲氣息未斷氣，便馬上要保甲取蔥白放在熱鍋裡炒熟，遍敷傷處，不久傷者發出呻吟聲，再換一次蔥白，傷者就不感到疼痛了。宋瑑曾把這辦法告訴樂平知縣鮑旗。再見到鮑旗時，鮑旗說：「蔥白很

而傷者無痛矣。曾以語樂平知縣鮑旗，及再會，鮑曰：「蔥白甚妙。樂平人好鬥多傷，每有殺傷公事，未暇詰問，先將蔥白傅傷損處，活人甚多，大辟為之減少。」出張聲道《經驗方》。

胎動不安。凡婦人因爭鬥胎不安，腹內氣刺、痛脹、上喘者：川芎一兩半，當歸半兩，右為細末，每服二錢。酒一大盞煎六分，炒生薑少許在內尤佳。又用苧麻根一大把淨洗，入生薑三五片、水一大盞，煎至八分，調粥飯與服。

驚怖死者，以溫酒一兩

有妙用。樂平地方的人好鬥多傷者，每當遇到殺傷的案件，我還沒來得及審問，就先叫用蔥白炒熱敷傷處，被我救活的人很多，因此判決死刑以抵命的案件大大地減少。」這個單方出自張聲道《經驗方》。

胎動不安。凡是婦女因爭鬥致使胎孕不安，腹內刺痛發脹氣喘的，用川芎一兩半、當歸半兩，合在一起研成細末，每次服二錢，放一大杯酒煎熬至六分，放一些炒生薑在裡面更好。另一種方法，用苧麻根一大把，洗乾淨後，放入生薑三五片，一大杯水煎至八分，調和著粥飯吃下去也行。

驚嚇死的，用溫酒一兩杯灌下去，就能活下來。

杯，灌之即活。

五絕及墮、打、卒死等，但須心頭溫暖，雖經日亦可救。先將死人盤屈在地上，如僧打坐狀，令一人將死人頭髮控放低，用生半夏末以竹筒或紙簡、筆管吹在鼻內。如活，卻以生薑自然汁灌之，可解半夏毒。五絕者，產、魅、縊、壓、溺。治法：單方半夏一味。

卒暴、墮攧、築倒及鬼魘死，若肉未冷，急以酒調蘇合香圓灌入口，若下喉去可活。

五絕，以及跌死、打死、突然死亡等，只要死者心頭還有些體溫，就算隔了一日時間也可以救活。方法是：先把死者扶著兩腳彎曲起來，盤膝坐在地上，像和尚打坐那樣，再叫人抓住死者頭髮，使他頭部朝下，將生半夏研成粉末，以細竹管或紙管、筆管吹進鼻孔內。如果活過來了，馬上給他灌服生薑原汁，即可解除半夏毒。上面提到的五絕，指的是：婦女難產死、鬼迷死、吊死、夢魘死、溺死。救治方法：單方半夏一味。

突然死亡、高墜死、跌倒死及魘死的，如果屍身未冷，趕快用酒調蘇合香丸灌入口中，如果他能喝得下去，即可救活。

①翕指收縮、收斂。
②暍指中暑。
③宛轉即滾轉。
④衦指擰乾。
⑤中惡指得暴病。

醫辨

1. 筆者想起發生在二〇一五年五月桃園機場樓梯間自殺者上吊案件，當時目擊者救人心切，立即解開繩索，結果自殺者從約兩層樓高度落下，造成頭部著地，腦震盪，左耳明顯出血。從生活經驗出發，宋慈指出：「救人時不可直接截繩，須慢慢抱住解下，放之使仰臥」。另外「腳蹬住死者兩肩，手揪住其頭髮把頭向上」，也符合今日心肺復甦術（CPR）或是叫叫CAB（急救口訣）的做法，宋慈這種作法能達到暢通呼吸道的目的。今日針對病患頭部，擺位也是壓額頭抬下巴。暢通氣道後才能有效進行人工呼吸。另外宋慈提到的壓胸壓腹，有點類似現代醫療胸外按壓急救的雛形。
2. 溺水在急救上還是以CPR為主，不建議弄出肺中或胃裡的水分，以免浪費保貴時間。這點與宋慈所持觀念不同，宋慈提供方法多為趕水（水出即活）。早期對溺水病患急救時，也有人嘗試將肺中的水引流出來，現在認為是不必要的。曾有研究顯示，真正能引流出肺裡的水將不到一%，而且從前所用的姿勢性引流（宋慈曰：「以死人背貼生人背擔走」）或哈姆立克急救法，事實上都不會增加病患的救活率。以CPR的胸部按壓，增加胸內壓協助異物排出，比哈姆立克方式效果好；哈姆立克法所擠出胃裡的水及異物，反而會增加吸入性肺炎的風險，並且還會延誤給氧及呼吸的時間。另外宋慈提到：「一宿者尚可救」。目前醫界將以下幾項列為高風險死亡率（大於九〇%）：

（1）溺水時間超過二十五分鐘。

（2）急救時間超過二十五分鐘。

（3）到院時無脈搏。

（4）心電圖為心室頻脈或心室顫動或到院時瞳孔固定、嚴重酸血症。

（二十五分鐘已難救，更何況一宿？）

3\. 任何增加產熱或降低散熱的因素都可能會超過身體熱量調節的限度，從而導致中暑的發作。導致體內熱量增加的主因如發燒、甲狀腺機能亢進、劇烈運動、藥物（如可卡因，安非他命和三環抗鬱劑）。降低散熱的主因如高熱（室溫達三十三度以上）、潮濕、脫水、心血管疾病、肥胖、不透氣衣服。宋慈言：「入水搗之，卻取爛漿以灌」，有點接近今日提供具電解質、礦物質水份給中暑者的做法。現今醫學中暑急救方案，須先將病患移到陰涼通風的地方，解開束縛衣物，墊高頭肩部仰臥休息，再儘快降低其體溫，或用濕冷毛巾或冰袋拍拭冰敷身體（頸部、腋下、鼠蹊部散熱效果最佳），或是在其身上灑水並用電風扇吹拂，使核心體溫在三小時內降至三十八度以下、脈搏每分鐘九十以下，若有氧氣設備或靜脈輸液，可給予使用。一旦超過三小時無法有效降溫，有兩成的人可進展至瀰散性凝血異常（DIC）、呼吸窘迫症候群（ARDS）等嚴重併發症，此時死亡率高達八成以上。

醫學小知識

1. 「叫叫CAB」：叫喚傷患確認意識，呼叫周圍他人協助通報救護系統。Compressions——胸外按壓，Airway——實行開放氣道，Breathing——進行人工呼吸。依照三〇次胸部按壓後接著施行二次人工呼吸，也就是三〇比二。（參考資料：http://0rz.tw/E778i。）面對無意識的病人，舌底部和會厭是堵住呼吸道最常見的地方，因為舌底和會厭是附著在下顎。所以只要壓額抬下巴，就可以把呼吸道打開。但上吊病患可能有頸椎受傷，第一次先以提下顎法把呼吸道打開，如果有困難才可以用壓額抬下巴法。
2. 醫學上，上吊真正能直接猝死的機轉是因為頸椎損傷。如果自殺者所幸未破壞頸椎結構，接下來則面對窒息的問題。窒息約三～五分鐘，即可造成大腦缺氧。雖然此時心臟可以再持續跳動達十分鐘左右，但超過四分鐘時大腦因缺氧可能已經造成壞死，及時救活仍會留下許多如同中風般後遺症（如嘴歪眼垂、半側偏癱、失語症、吞嚥困難、植物人）。
3. 據被救回上吊者的醫療紀錄：第一階段，開始是頭腦出現耳鳴發熱，感到眼前有閃光，此時，知覺開始模糊起來失去知覺。第二階段，全身引起痙攣，手部略呈划水動作，腳部略作走路的動作，然後手腳的肌肉開始抽筋後又全身僵直。第三階段，進入缺氧狀態，大小便流出、眼球凸起、呼吸停止。前後只需三～五分鐘。
4. 醫學上有分乾性溺水、濕性溺水。溺水是指患者在水中，因吸入水分，或因喉頭痙攣；使呼吸道阻塞，而產生的一種窒息現象。根據統計，溺水死亡的病患，大約有一〇%的死者沒有明顯的水進入肺內，即所謂的「乾溺」，其原因主要是咽部肌肉痙攣，阻斷了水進入肺部所致；而另外的九〇%病患，則有明顯的水進入肺部，即所謂的「濕溺」。不論乾溺或是濕溺，因為影響肺部氣體的交換，血中氧氣的含量很快降低，二氧化碳也排不出去，持續累積而產生心律不整、心跳停止、腦部缺氧。（參考資料：鄭金睿醫師〈溺水，役水而不役於水〉，「高雄醫學大學附醫．急診科」，http://0rz.tw/D9QhX。）

醫學小知識

5. 熱疾病的種類：癒後由好至差分為熱暈厥（heat syncope）、熱痙攣（heat cramps）、熱衰竭（heat exhaustion）、熱中風（heat stroke）。前三項皆因大量出汗造成電解質不平衡，熱中風則反而不出汗，皮膚變得乾燥炎熱、脈搏急速且微弱、呼吸急促、意識喪失、體溫可高達攝氏四一度。除了前面提到較嚴重的DIC、ARDS外，還會出現其他可逆的併發症，如急性腎衰竭、橫紋肌溶解、肝功能異常、心律不整、充血性心衰竭等。（參考資料：張乃文醫師〈中暑的預防及治療〉，「郭綜合醫院．家醫科」，http://0rz.tw/7nioE；朱柏齡醫師〈熱傷害之治療及中暑之併發症〉，「三軍總醫院．腎臟科」，http://0rz.tw/YRf7V。）

6. 皂角學名：Gleditsia sinensis，又名皂莢、皂角樹、皂角子、皂角針，中藥書籍記載此物具解毒散結、祛風殺蟲、開竅通閉等功效，中醫學主治腫毒、疥癬、惡瘡、化痰散結、淋巴結核、風濕骨痛、潤腸通便，且果實與棘刺具刺激性，吸入能使人噴嚏大作。現代臨床應用於慢性阻塞性肺病、哮喘、支氣管炎、慢性肝炎、陰道炎、面神經炎、面神經麻痺、腸阻塞、骨癌、高血脂症等治療，但服用過量可引致中毒。皂角的小故事：相傳古時有一農家少女於野外打柴，不幸遇上一惡少對少女頓起色心。少女受辱後，自覺丟人，在一顆大皂角樹上自縊身亡。女兒的父母肝腸寸斷痛不欲生，盼望女兒能起死回生。突然一位滿頭白髮的老翁出現，向農戶兩夫婦說道：「老翁自有還魂之術，用皂角粉末吹入少女鼻孔，方能起死回生！」，少女父親淚眼抬望，發現老翁悄然融入皂角樹之中，方知樹神顯靈，父母兩人立刻依照老翁的吩咐，摘下皂角碾成粉末，輕輕吹入愛女鼻孔，過了一會兒，少女鼻孔微動，接著猛然一聲噴嚏後，漸漸恢復甦醒過來。自此皂角便成為了民間的靈丹妙。（參考資料：http://0rz.tw/lr3ll。）

7. 蔥白，中藥名。為百合科植物蔥近根部的鱗莖。採挖後，切去鬚根及葉，剝去外膜。辛辣性溫，入肺、胃經，具有解表散寒、通陽抑菌之功效。具有發汗解表，通達陽氣的功效。主要用於外感風寒，陰寒內盛，脈微，厥逆，腹瀉，外敷治療瘡癰疔毒。蔥全身可入藥，帶鬚蔥白外用能散寒發汗，內服可通陽止痛；而蔥葉利尿、蔥籽強壯，蔥汁解毒。中醫臨床上可用蔥白三根加生薑三片水煎服，治風寒感冒，發燒頭痛；將蔥白搗成汁，發汗時，用生蔥白、生薑各十五克與食鹽少許搗成糊狀，用布包好塗擦手心腳心、前胸後背及肘窩腋窩，可發汗退燒。小兒痲疹出不透，可用帶鬚蔥白搗爛敷在肚臍上，疹子很快出齊。另外，生蔥搗爛外擦，可治蜂螫傷。梁代陶弘景《名醫別錄》記載：「蔥可除肝中邪氣，安中利五臟，殺百藥毒。」明朝李時珍說：「蔥乃釋家五葷之一，生辛散，熟時甘溫，外實中空，肺之菜也，肺病宜食之。」（參考資料：http://0rz.tw/ENF7U；http://0rz.tw/j5sNm。）張聲道《經驗方》救死一方說：「殺傷而氣未絕者，取蔥白炒熱，遍敷傷處，繼而呻吟，再易蔥，而傷者無痛矣。發現蔥白之妙用，活人甚多」是很有道理的。

五十三、驗狀說

【原文】

凡驗狀，須開具：死人屍首原在甚處？如何頓放？彼處四至？有何衣服在彼？逐一各檢箚名件。

其屍首有無雕青、灸瘢？舊有何缺折肢體及傴僂①、拳跛②、禿頭、青紫、黑色、紅痣、肉瘤、蹄踵諸般疾狀，皆要一一於驗狀聲載，以備證驗詐偽，根尋本原推勘。及有不得姓名人屍首，後有骨肉陳理者，便要驗狀證辨觀之。

【譯文】

凡驗屍狀必須開具：死人屍體原來在什麼地方？怎樣安放？現場四面連接著什麼地界？有什麼衣服在那裡？這些都要逐一檢驗登記下名稱件數。

屍體身上有沒有什麼紋身和瘢痕？身體各部位原來有什麼缺折肢體以及傴僂、拳跛、禿頭、青紫、黑色、紅痣、肉瘤、蹄踵等各種疾病狀態，都要在驗屍狀中一一記明，以備證驗詐偽，追本溯源，推究審問。對於無名屍，以後屍親來認領或陳情的時候，便調出驗屍狀查核。

今之驗狀若是簡略，具述不全，致妨久遠照用。況驗屍首，本緣非理、獄囚、軍人、無主死人，則委官定驗，兼官司信憑檢驗狀推勘，何可疏略？又況驗屍失當，致罪非輕，當是任者切宜究之！

現行的驗狀簡略，記述不全，妨礙了未來的可能用途。況且檢驗屍體，本就是因為凶死、獄囚、軍人、無主死人等特殊情況才派官定驗的，加上主管審判機關也是憑驗屍狀推究審訊，怎麼可以記錄輕忽？又何況驗屍失當，獲罪可不輕。擔當此項職務者，一定要仔細檢驗並寫好驗屍狀才是！

① 傴僂指彎腰駝背。
② 拳跛即瘸跛，腳不良於行。

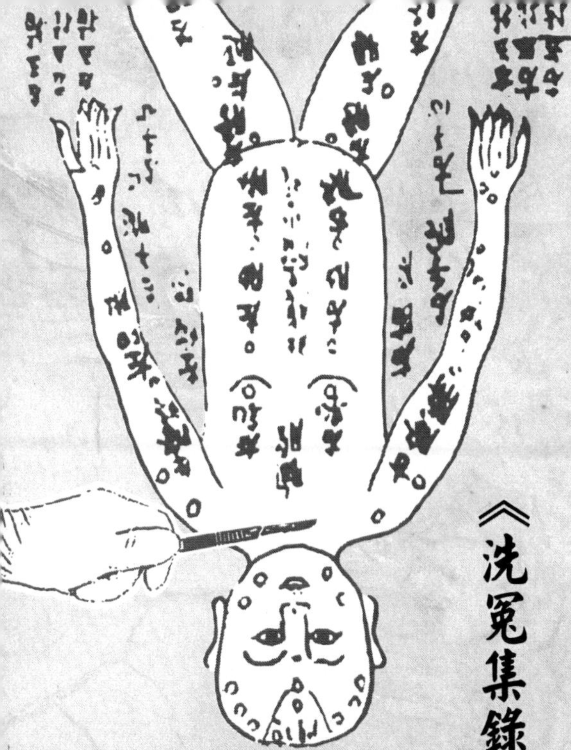

《洗冤集錄》司法檢驗的科學性

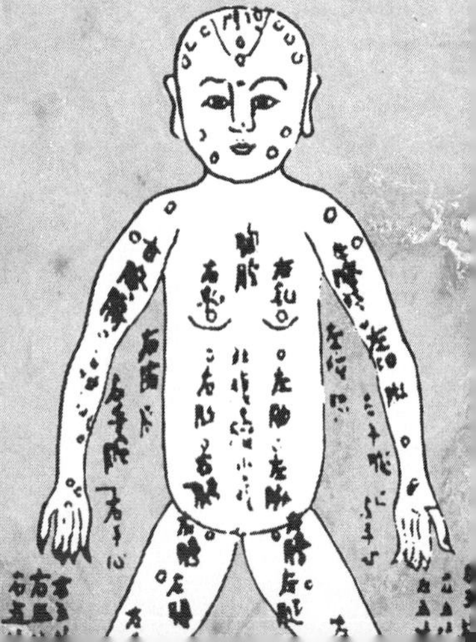

前言

現存《洗冤集錄》對宋代檢屍法令、檢屍方法及注意事項、屍體現象、各種機械性窒息死、各種鈍器損傷、傷器損傷、古代交通事故、高溫致死、中毒、病死與急死、屍體發掘等，都進行了系統的論述。以下將這些近八百年前就已被充分實踐的司法檢驗科學，選擇具有代表性的四則進行說明，以廓清今人對古無科學、古無鑑識科學的迷思。

昆蟲能讓兇手現形

《洗冤集錄・卷五・疑難雜說下》記載：

有檢驗被殺屍在路旁，始疑盜者殺之，及點檢沿身衣物俱在，遍身鐮刀斲傷十餘處。檢官曰：「盜只欲人死取財，今物在傷多，非冤仇而何！」遂屏左右，呼其妻問曰：「汝夫自來與甚人有冤仇最深？」應曰：「夫自來與人無冤仇，只近日有某甲來做債，不得，曾有克期之言，然非冤仇深者。」檢官默識其居，遂多差人分頭告示：「側近居民各家所有鐮刀盡底將來，只今呈驗。如有隱藏，必是殺人賊，當行根勘。」俄而，居民齎到鐮刀七八十張。令布列地上。時方盛暑，內鐮刀一張，蠅子飛集。檢官指此鐮刀問：「為誰者？」忽有一人承當，乃是做債克期之人。就擒訊問，猶不伏。檢官指刀令自看：「眾人鐮刀無蠅子，今汝殺人，血腥氣猶在，蠅子集聚，豈可隱耶？」左右環視者失聲歎服，而殺人者叩首服罪。

觀察死者屍身刀傷，可以很容易的判斷兇刀。但若兇刀的取得管道太多，或可疑的兇刀太多，要如何找出兇刀及可能行兇的兇刀主人，就有其困難度。

《洗冤集錄．卷五》提到受害者係被仇殺，經驗屍後，推測兇刀為農村常見之鐮刀。但由於鐮刀實在太過常見，承辦官員於是利用嗅覺靈敏的蒼蠅——先將所有鐮刀集合起來，觀察蒼蠅集中在哪把鐮刀上，再於此推知用以農作的鐮刀不可能沾血，雖經洗去而仍能吸引蒼蠅之曾沾有血跡鐮刀為兇刀。

蠅類通常以腐敗物質為其孳生活動地，比方說動物屍體、糞便、果肉等等，這些腐敗物質除了是蒼蠅的食物來源，也是蒼蠅繁衍後代的重要養分，因此許多蠅類可以在一公里外就聞到食物，有的種類甚至能嗅到四十公里以外的食物來源。蒼蠅嗅覺靈敏程度遠高於人類，如同現代利用警犬嗅聞毒品或是縱火物一樣，自然界生物的天生靈敏嗅覺，常協助人類偵破許多案件。

雖說古人辦案得不到現代鑑識科學的支持——透過各種儀器分析，將血滴等微物跡證加以類化及個化，例如透過檢測鐮刀上血跡殘留反應，或是進一步分析鐮刀上血液的DNA型別，但他們懂得透過仔細觀察，得知血液微物跡證可能吸引蒼蠅的特性，因此常常藉由蒼蠅的協助而破案。此舉已隱涵了現代鑑識科學中利用微物跡證（trace evidence）破案的道理。對於微物跡證，現代刑事鑑識採用更靈敏的「電子鼻」和「氣相層析同位素質譜儀」，使得犯罪更無所遁形！

油傘能讓傷勢現形

《洗冤集錄・卷十八・論沿身骨脈及要害去處》記載：

檢骨須是晴明。先以水淨洗骨，用麻穿定形骸，次第以簟子盛定，卻鋤開地窖一穴，長五尺、闊三尺、深二尺，多以柴炭燒煅，以地紅為度。除去火，卻以好酒二升、酸醋五升潑地窖內，乘熱氣扛骨入穴內，以藁薦遮定，烝骨一兩時，候地冷取去薦，扛出骨

> 殖，向平明處將紅油傘遮屍骨驗。若骨上有被打處，即有紅色路微蔭，骨斷處其接續兩頭各有血暈色。再以有痕骨照日看，紅活，乃是生前被打分明。骨上若無血蔭，縱有損折，乃死後痕。切不可以酒醋煮骨，恐有不便處。此項須是晴明方可，陰雨則難見也。如陰雨，不得已則用煮法：以甕一口，如鍋煮物，以炭火煮醋，多入鹽、白梅同骨煎，須著親臨監視，候千百滾取出，水洗，向日照，其痕即見；血皆浸骨損處，赤色青黑色，仍仔細驗，有無破裂。

太陽光具有紅、橙、黃、綠、藍、靛、紫七種可見光和紫外線、紅外線二種不可見光。如果在自然光源的照射下，眾多光線的反射無法讓人看清皮內或骨頭裡的瘀血。

如果死者死亡多時，屍首半腐，《洗冤集錄・卷十八》提到必須加熱消毒、蒸骨去除軟組織。消毒是為了降低驗屍者的職業風險；去除軟組織則可以更容易觀察骨頭上的傷勢。按步驟將屍骨處理完畢後，再擇一陽光充足的天晴日，打上紅油傘，於傘下檢驗骨傷。能在紅油傘下驗出骨傷，原理即是利用紅油傘濾掉大部分可見光，減少可見光的干擾，並讓穿透力較強的不可見光——紫外線、紅外線照在屍骨上。由於骨頭是不透光物質，理應反射一小部分可見光和紫外線、紅外線。但若骨頭曾受外傷而內有滲血瘀積，此處便會吸收光線，造成黑影。使得原本在一般光源下看不到的骨傷得以觀察得到。

今日鑑識人員也會使用紫外線光源進行驗傷攝影；在兇殺現場利用紫外線手電筒，配合橙色濾光鏡來尋找血跡，也是利用血跡與現場衣物地毯等背景對紫外線吸收及反射程度不同而呈現出不同顏色的原理。

釅醋能讓血跡現形

《洗冤集錄・卷廿六・火死》記載：

又若被刃殺死，卻做火燒死者，勒仵作時起白骨，扇去地上灰塵，於屍首下淨地上用酉產米醋、酒潑，若是殺死即有血入地鮮紅色。須先問屍首生前宿臥所在，卻恐殺死後，移屍往他處，即難驗屍下血色。

為了毀屍滅跡、掩蓋兇殺的線索，兇手往往利用縱火將死者偽造成意外死亡的樣子。如果縱火，發生火災的現象也為兇殺的第一現場，死者陳屍之處將會有大量的血液流出。

古代建築對地面的工事並不十分講究。如非重要的建築，地上鋪面可能只是簡單夯實的土表。死者受傷至死，大量的出血便會滲進土表。可是大火之後，一片焦黑，要如何藉由觀察出血量來判斷死者究竟死於火災或是外傷流血至死呢？《洗冤集錄・卷廿六》指出，遇到可疑的火場陳屍，先將屍首下方地面掃淨，再以釅醋和酒加以撒潑，血跡即會浴現。

血液的主要成分是水和蛋白質，另外還有少量的葡萄糖和低密度的脂蛋白、無機離子等。血液一離開身體便會開始凝固，血漿內的可溶性纖維蛋白原便轉變為不溶解的纖維蛋白。採用釅醋和酒使血跡顯現的原理是：利用酒精做為溶劑，將已經固化的可能是血跡的成分自土壤中給溶出，再利用釅醋的醋酸來將血跡中的凝固了的蛋白質加以溶解，使之恢復成類似血液的樣貌。這樣的鮮紅色，在土表上自然清晰可辨了。

今日刑事鑑識現場則採用「光敏靈」來尋找血跡——利用光敏靈和血液中的鐵質產生作用，只要有光線照射，即可反映出藍光。這樣藍光只要在黑暗的環境下，用簡單的光源便可以肉眼觀察得到。

銀飾能讓毒物現形

《洗冤集錄・卷廿八・服毒》記載：

> 若驗服毒用銀釵，皂角水揩洗過，探入死人喉內，以紙密封，良久取出，做青黑色，再用皂角水揩洗，其色不去。如無，其色鮮白。
>
> 如服毒、中毒死人，生前吃物壓下，入腸臟內，試驗無證，即自穀道內試，其色即見。

砒霜的學名為三氧化二砷，外觀為白色粉末，無臭、無味，能溶於水、乙醇、酸類及鹼類。因為其無臭、無味，而且易取得，古人常將砒霜用於消滅鼠害。也由於只需一點點劑量即能致人於死，所以古代毒害、謀殺案件裡也常見它的身影。

砒霜用於兇殺，最常透過飲食，使被害者攝取後死亡。古人也很早就發現銀飾能反應出食物是否遭到砒霜的毒化。所以在各種古裝劇中常可以看到，在皇室成員在用膳前，都習慣讓內侍太監用銀針探入食物，確定食物沒被下毒。

其實銀飾和砒霜並不會發生太激烈的化學反應，那為何古人應用銀飾來檢驗砒霜呢？這是由於古代砒霜的生產技術較差，容易含有硫和硫化物等雜質，這些雜質與銀接觸後產生化學反應，使銀飾變成青黑色。雪白的銀飾變黑，是十分容易觀察到的變化。不過今日砒霜提煉得很純淨，就算用銀飾探試恐怕也沒有用。

由於砒霜是含砷物質，今日刑事檢驗，會先將可能含有砒霜的可疑物質取樣後與硫酸混合，如果樣本確實含有砒霜，砷便會和硫酸作用形成砷化氫氣體。以火焰加熱後，砷化氫氣體分解並釋放出金屬砷。這個黑色、帶有金屬光澤的砷沉澱物，便是用來判斷樣本是否含有砒霜的「砷鏡」。砷鏡測試之敏感度，就算只有〇・〇〇七毫克的砷也驗得出來！

（本文原發表於《警大雙月刊》一七五期，二〇一四年十月）

參考文獻

王志亮，二〇〇九，中國監獄史，桂林：廣西師範大學出版社。
史式，二〇〇九，我是宋朝人，臺北：遠流出版公司。
李約瑟，一九七八，中國科學技術史，香港：中華書局。
李曉琴，二〇〇八，《洗冤集錄》為什麼產生在宋代，長沙鐵道學院學報社會科學版，九（二）。
沈享民，二〇一二，再探訪朱熹格物致知論：並從德性知識論的視域略論其可能性與限制，哲學與文化，三九（二）。
沈宗憲，二〇〇〇，國家祀典與左道妖異——宋代信仰與政治關係之研究，臺北：臺灣師範大學歷史研究所博士論文。
林敏，二〇〇九，略論《洗冤集錄》的科學性和民本性，福建員警學院學報，二〇〇九（六）。

胡坤，二〇一〇，宋代法醫學研究，重慶：西南政法大學法學碩士論文。

茅曉，一九九二，《洗冤集錄》在法醫學上的成就淺析，遼寧中醫雜誌，一九（一〇）。

孫先英，二〇〇五，論朱學見證人真德秀，重慶：四川大學古典文獻學博士論文。

徐道鄰，一九七六，中國法制史論集，臺北：志文出版社。

徐曉慧，二〇〇八，南宋司法檢驗制度研究——以宋慈《洗冤集錄》為中心，南京：南京師範大學法學院碩士論文。

康世統，一九八八，真德秀大學衍義思想體系，臺北：臺灣師範大學國文研究所博士論文。

張松，二〇〇七，《洗冤錄匯校》整理說明及《洗冤錄》研究索引，法律文獻信息與研究，二〇〇七（一）。

張晉藩、郭成偉，一九九九，中國法制史·第五卷·宋，北京：中國政法大學出版社年。

許宗興，二〇一二，朱子「理」之外在屬性探析，華梵人文學報，一七。

郭琳，二〇一〇，淺析宋代科技創新的原因及其影響，淮南師範學院學報，一二（六）。

陳松，二〇〇九，論宋代士大夫階層法律思想中的法家因素，中國政法大學學報，二〇〇九（五）。

陳政宏，二〇〇二，工學院裡的咬文嚼字——談「科學」、「科技」、「技術」，「成功大學」，http://myweb.ncku.edu.tw/~chenjh/articles/wen.html。

陳振崑，二〇一二，論朱子「心統性情」的「心」是「本心」還是「氣心」？，華梵人文學報，一八。
陶有浩，二〇〇七，朱熹的司法思想探析，呼倫貝爾學院學報，一五（五）。
黃玉環，二〇〇五，《洗冤集錄》版本考，貴陽中醫學院學報，二七（二）。
黃維新，一九八一，中國古代命案檢驗術，臺北：九章文化。
楊杞，二〇〇〇，「世界第一法學名醫」宋慈和《洗冤集錄》，唐山學院學報，一六（二）。
楊曉莉，二〇一三，南宋宋慈為何被西方人稱作法醫學之父，「阿波羅新聞網」，http://tw.aboluowang.com/2013/0317/292411.html。
鄒濬智，二〇一二，古代法醫文選，桃園：中央警察大學出版社。
編輯小組，一九八八，中國科技文明史，臺北：木鐸出版社。
鄭穎慧，二〇〇七，論朱熹的司法思想及其對清朝法制的影響，集美大學學報哲學社會版，一〇（一）。
鄭蘇淮，二〇〇九，宋代人學思想研究，成都：巴蜀書社。
錢　穆，二〇〇四，晚學盲言，桂林：廣西師範大學出版社。
黃瑞亭，二〇〇四，《洗冤集錄》與宋慈的法律學術思想，法律與醫學雜誌，一一（二）。

Do科學08 PB0035

是誰讓屍體說話？
──看現代醫學如何解讀《洗冤集錄》

編　　著／鄒濬智、蔡佳憲
責任編輯／徐佑驊
圖文排版／楊家齊
封面設計／王嵩賀

出版策劃／獨立作家
發 行 人／宋政坤
法律顧問／毛國樑　律師
製作發行／秀威資訊科技股份有限公司
地址：114 台北市內湖區瑞光路76巷65號1樓
電話：+886-2-2796-3638　傳真：+886-2-2796-1377
服務信箱：service@showwe.com.tw
展售門市／國家書店【松江門市】
地址：104 台北市中山區松江路209號1樓
電話：+886-2-2518-0207　傳真：+886-2-2518-0778
網路訂購／秀威網路書店：https://store.showwe.tw
國家網路書店：https://www.govbooks.com.tw

出版日期／2016年6月　BOD一版　**定價**／360元

獨立作家
Independent Author
寫自己的故事，唱自己的歌

是誰讓屍體說話?：看現代醫學如何解讀《洗冤集
錄》 / 鄒濬智, 蔡佳憲編著. -- 一版. -- 臺北
市：獨立作家, 2016.06
面； 公分. -- (Do科學；8)
BOD版
ISBN 978-986-93153-1-9(平裝)

1. 法醫學

586.66 105008357

國家圖書館出版品預行編目

讀者回函卡

感謝您購買本書，為提升服務品質，請填妥以下資料，將讀者回函卡直接寄回或傳真本公司，收到您的寶貴意見後，我們會收藏記錄及檢討，謝謝！

如您需要了解本公司最新出版書目、購書優惠或企劃活動，歡迎您上網查詢或下載相關資料：http:// www.showwe.com.tw

您購買的書名：________________________________

出生日期：________年________月________日

學歷：□高中（含）以下　□大專　□研究所（含）以上

職業：□製造業　□金融業　□資訊業　□軍警　□傳播業　□自由業

□服務業　□公務員　□教職　□學生　□家管　□其它_____

購書地點：□網路書店　□實體書店　□書展　□郵購　□贈閱　□其他

您從何得知本書的消息？

□網路書店　□實體書店　□網路搜尋　□電子報　□書訊　□雜誌

□傳播媒體　□親友推薦　□網站推薦　□部落格　□其他__________

您對本書的評價：（請填代號　1.非常滿意　2.滿意　3.尚可　4.再改進）

封面設計____　版面編排____　內容____　文／譯筆____　價格____

讀完書後您覺得：

□很有收穫　□有收穫　□收穫不多　□沒收穫

對我們的建議：________________________________

____

____

____

請貼
郵票

11466
台北市內湖區瑞光路 76 巷 65 號 1 樓
獨立作家讀者服務部 收

（請沿線對折寄回，謝謝！）

姓　名：＿＿＿＿＿＿＿＿　年齡：＿＿＿＿　性別：□女　□男

郵遞區號：□□□□□

地　址：＿＿＿＿＿＿＿＿＿＿＿＿＿＿＿＿

聯絡電話：(日) ＿＿＿＿＿＿＿＿ (夜) ＿＿＿＿＿＿＿＿

E-mail：＿＿＿＿＿＿＿＿＿＿＿＿＿＿＿＿